NPOの公共性と生涯学習のガバナンス

Takahashi　Mitsuru 高橋　満

東信堂

はしがき

本書では、社会教育・生涯学習研究の現代的課題を確認し、これに即して、三つの主題に迫りたい。それは、①ＮＰＯの公共性と学びの意義を明らかにすること、②ＮＰＯなど実践のコミュニティをふまえた学習論を構想すること、そして、こうした検討をふまえつつ、③生涯学習の新しいガバナンスの基本的原理を明らかにすることである。

この三つを貫く関心は、社会教育行政が大きく転換するなかで、これまでの社会教育・生涯学習行政の在り方、研究視角を批判的に乗り越え、新しい公共性論の理解に立脚した生涯学習の編成原理を明らかにすることにある。その際、市民、市民セクターの興隆と、その学びの意義をどのように理解するのか、ということが鍵となる。

ところで労働運動や消費者運動、住民運動など区別される事業体としての性格をもつ非営利の市民活動団体が定着してきたのは一九七〇年代以降である。とりわけ、こうした非営利の市民活動がＮＰＯとして市民にも知られるようになるのは一九九〇年代以降のことといえよう。このＮＰＯなどの市民活動団体の活動は、従来の国家や市場とは異なる原理をもち、環境、福祉、国際化、防災などの課題をめぐり、さまざまな領域で活発に活動を展開し、そしてこれらの課題解決に大きな役割をはたすものとして注目されている。学校教育や生涯学習の領域でも、この組織の原理や活動がもつ教育力が注目されてきている。

しかし、ＮＰＯについては、経営学、社会学などの諸領域で注目され研究がすすめられているものの、教育学の領域ではその研究は緒についたばかりという現状がある。本研究は、国家、市場とならぶ固有のセクターとしてのＮＰＯについての原理的な検討を踏まえながら、その教育的機能及び教育方法の特質を明らかにするとともに、学習論的な検討をくわえる。

さらに、現在の教育改革・社会教育改革を十全に理解するためには、国際的視野での議論や視角を持つ研究が求められていると考える。後の論述でも繰り返し指摘しているように、もはや教育政策を国民国家という枠のなかだけで論じることは許されない。これまでの研究の主要な関心は、日本という国の教育政策とこれに対抗する社会教育・生涯学習の原理を追究してきたといってよい。諸外国の成人教育理論の紹介ということはあるにしても、それは脱文脈化した紹介にとどまる。しかし、現段階の教育政策の形成は、文字どおりグローバル化している。諸外国の研究者が直面している成人教育の実践的・理論的課題は、そのままではないにしても日本の私たちが対峙をしなければならない課題でもある。教育制度の大きな転換期にあって、教育政策・社会教育政策を形成する国際的な力をふまえ、市場化がすすめられる社会教育・生涯学習の新しいガバナンスの原理を構想したい。

本書は、これまで発表してきた諸論文を核にし、長年の課題であった学習論に関する論考を新たに書き下ろして構成している。学会や専門誌などから求められた論考が多く、論文の長さや書き方も異なるところがある。とくに、Ⅰ、Ⅲ、Ⅶ、ⅧはＮＰＯの公共性論、学習論、ガバナンス論の導入的な論考として読んでいただきたい。初出などは以下のとおりである。

初出一覧

序　社会教育研究の現代的課題（月刊社会教育　二〇〇八年）
Ⅰ　学びの場としての市民活動（仙台市都市総研　ＳＵＲＦ　二〇〇四年）
Ⅱ　ＮＰＯ労働の新しい専門性（『子ども白書』二〇〇三年度）
Ⅲ　ＮＰＯにおける公共性論（佐藤一子編著『参画型社会とＮＰＯの学び』エイデル研究所、二〇〇一年）
Ⅳ　ＮＰＯの学びの公共性（佐藤一子編著『ＮＰＯの教育力』東京大学出版会、二〇〇四年）
Ⅴ　学習の状況論的アプローチ（書き下ろし）
Ⅵ　分業と創発的協同の関係（書き下ろし）
Ⅶ　グローバリゼーションと社会教育（月刊社会教育　二〇〇四年）
Ⅷ　社会教育のガバナンスの変容（『女性白書』二〇〇五年度）
Ⅸ　グローバリゼーションと新しい社会教育のガバナンス（日本社会教育学会編『現代教育改革と社会教育』二〇〇四年）
Ⅹ　社会教育実践の実証的研究に向けて（書き下ろし）

私事になるが、この本ができるまでの経緯について少し触れさせていただきたい。本書の出版を思い立って下田勝司社長に承諾をいただいてから、はや三年ほどが経過してしまった。生来の性癖という面もあるが、この間、病気のために仕事をセーブする、というよりも仕事に取り掛かることがむつかしい状況にあった。どうしても出さねばという気持ちはあるものの歩みは止まったまま時が経過した。幸い、治療によりいまは安定し、病気とつきあいながらも普段の生活に復帰することができそうである。大きな希望でもあり、重荷でもあった本書を世に問うことができたことに、私の家族、研究室の学生・教員、学会の方々に心から感謝したい。最後になったが、下田社長には出版の再了承とその後の慌しい日程での出版に協力をいただいたことに感謝の言葉を申し上げたい。社会教育・生涯学習の理論と実践に何らかの寄与ができれば望外の幸せである。

二〇〇九年

著　者

目次／NPOの公共性と生涯学習のガバナンス

第三部　グローバリゼーションと生涯学習のガバナンス……119

ＮＰＯの公共性と生涯学習のガバナンス

序　社会教育・生涯学習研究の現代的課題

はじめに

かつて、ブルーナー（Bruner, 1971）は、次のように心理学の研究状況を批判的に総括した。

知のコミュニティが広がれば広がるほど、われわれの専門雑誌類はますます無視されていく。そこにはアウトサイダーから見て、ほとんど知的と呼ぶに値しないような位置しか占めない小研究や、それらに対する一握りの反応しか載っていないように思われる。〈しかし〉「小ぎれいな研究」というエトスの流行にもかかわらず、大きな心理学の問いかけが再びあがってきている。

今、社会教育・生涯学習は大きな挑戦をうけている。一つは、一九八〇年代に始まる自由主義的改革がすすむなかで教育基本法、社会教育法が改正され、社会教育政策の基本原理であった権利性の浸食が確実にすすみつつある。そのなかで自治体社会教育行政のスタンスも、そして具体的な施策も大きく転換し、多くの自治体で生涯学習施設などの運営管理も民営化の方向へと転換しつつある。ここで詳述することはできないが、要は、社会教育をめぐる行政と市民との関連の組み換えが確実にすすみつつある。それはどう評価すべきなのか。

もう一つの挑戦は、研究のパラダイムにかかわるものである。従来の社会教育・生涯学習研究は、国民国家、国の教育政策ということを暗黙の前提にして理論構築がなされてきた。しかし、グローバル化は経済の領域だけではなく、公共サービスとしての教育にまで及んでいる。端的には、教育は公共サービスの市場開放という文脈で世界貿易機関（ＷＴＯ）の議題となるテーマとして位置づけられる。こうした国際的な力動をとおしてつくられるものとして社会教育・生涯学習政策をみなければならない。

さらに牧野は、「従来の社会教育研究において採用されてきた領域論や主体論的なアプローチでは事態の本質をとらえることはできない」と断定する。なぜなら、社会教育の「研究が自明視し、前提としてきた人間のあり方そのものが変容してしまった」（牧野 2005: 422）からである、という。つまり、私たちの研究領域でも「大きな問いかけ」が投げかけられているのである。社会教育の変革期、私たちは自らの研究をどう総括し、そして、どのように研究をすすめるべきなのか。

こうした課題意識から、私が構想している今後の社会教育・生涯学習研究の課題を提示してみたい。なぜなら、大きな転換点にたって、研究の課題、方法にいたるまで批判的に省察することが必要だと考えるからである。

一　社会教育・生涯学習政策の国際的形成

現代社会を特徴づける側面は多様であろうが、個々の現象をみるよりも、この変化や変容をもたらす契機をとらえる必要がある。その際立ったものの一つがグローバリゼーションである。

グローバリゼーションは、教育、教育政策の変容と無縁ではない。したがって、第一に、国際的視野で教育政策の力動を見極めるような研究をすすめることが必要とされる。といっても、それは諸外国の成人教育の理論的・実証的研究の紹介をすすめるということではない。ここで国際的視野というのは、国際的に議論されている研究課題と切り結びつつ、自分の研究を位置づける、ということである。緻密で、説得力ある日本の社会教育・生涯学習に関する理論的・実証的研究がこうした議論とかみ合って再び位置づけ直される。ここに研究の広がりと深さがつくりだされる。

近年の教育政策形成の際立った特徴の一つは、それが国内の議論だけでつくられるのではなく、国際的なアリーナのなかで改革の骨格が形づくられるという政策形成過程の変容にある。実際、いろいろな審議会を経るという形式をとりながらも、むしろ、この国際的諸力によって日本の政策が枠づけられている。社会教育・生涯学習政策を検討する際に、アリーナは日本（国民国家）を離れているのに、日本国内の議論に研究の視野が限られているとすれば、もっとも決定的力をもつ場における議論を看過することになり、したがって、その研究はある意味で滑稽なものでしかない。

では、政策形成の主戦場が日本（国民国家）から移行しつつあるのはなぜであろうか。それは、いうまでもなく経済のグローバル化にほかならない。この基盤には新自由主義的改革がある。だかこそ、各国の改革において「効率化」「効果」「競争」ということが合言葉となり、プライバタイゼーション、教育の市場化が求められている。国民国家は、グローバル化のなかでうごめく経済主体をもはやコントロールするすべをもたない。もし、規制しうる力があるとすれば、それはＯＥＣＤ、世界銀行など国際機関に期待を寄せざるをえない。

しかし、こうした国際機関もまた新自由主義的改革を推進する力であり、また、国際機関の教育政策形成へのかかわりも一枚岩ではない。ＯＥＣＤ、世界銀行などと、ＩＬＯ、ユニセフとは、どれも生涯学習をもっとも重要な政策的課題として位置づけながらも、理念からして大きく異なる。さらに、教育政策の形成にどのように影響を与えるのか、という介入戦略にも違いがある。その詳細については後にも論じるが、今後より体系的な分析が必要とされる研究課題である。ここでは、その要点だけを示すにとどめよう。

例をあげよう。ＯＥＣＤと世界銀行とは生涯学習を経済的発展と結びつけるということ、国家による介入を抑制する意味でも教育を私的財としてとらえ、個人的投資として市場化をすすめるところでは共通点をもちながらも、介入の仕方には大きな違いがある。世界銀行が、より直接的に借款の条件として受講料の有料化とプライバタイゼーションの促進を強制する力をもつのに対して、ＯＥＣＤのそれは間接的である。つまり、現在の介入方法はより洗練されたものになっており、それを意識化することはむつかしい。

周知のように、ＯＥＣＤはリカレント教育政策にみるように、経済的発展と関係させつつ教育政策にはやくから影響を与えてきたが、現在、彼らが使う具体的手法となるのは、教育の国際的比較によるランキングと指標化である。これは、もともと学校教育の危機を背景としたアメリカや、教育格差の解消を図ろうとするフランスなどの圧力のなかで、ＯＥＣＤとして国際比較と指標化に取り組みはじめ、一九八八年の「教育システムの国際指標」により．その制度化を完成させてきたものである。しかも重要なことは、一九九〇年代にはいると指標の視点の転換が図られ、それまでの教育への投資・財政負担額の比較をとおして格差是正をはかる視点から、投資や負担はどうであろうとも、経過はどうであろうとも何よりも大切なのは「結果」「効果」であり、それらを比較し高めようという装置へとつくりかえられている。

先進国だけではなく、この国際比較に参加している国々では、「競争」への参加をとおして指標に示された基準への適合が追求される。この影響力の大きさは、日本でも最近の学力競争と改革の動向をみれば容易に理解できよう。しかも、構築主義の立場に立てば、すぐれて政治的なものとして指標はつくられるのであるが、数値化された指標は、一見すると合理的・客観的なものであり、その結果に対して疑義をはさむことは許されない。

こうした力動のなかで日本の社会教育・生涯学習政策も変容をみせている。もちろん、審議会の議論をとおして日本的変容をうけながらも、実は政策選択の余地はそれほど大きなものではない。国際機関の示した方向にそって、社会教育・生涯学習をふくむ教育政策が枠づけられ、改革がすすめられることになる。

従来の社会教育・生涯学習研究は、いわば福祉国家レジームを前提とし、そのなかで社会教育における国家の役割を究明しようという理論であった。しかし、いまや状況はラディカルに転換しているわけであるから、国民国家の役割を論じるだけではなく、こうした国際的影響が日本の社会教育・生涯学習をどのように変容させつつあるのかを明らかにし、こうした方向に対抗する実践と理論を私たちは鍛えなければならない。

二　新しい公共性論と協同実践の学習論

グローバリゼーションは、教育の市場化をおしすすめる圧倒的な力である。思想的には新自由主義な視点からの改革が各国の教育政策に大きな影響を与えているが、このなかで国家は直接的な介入から、より間接的な、ソフィストケートされた手段・契機をとおして教育の市場化を推しすすめている。では、この自由主義のいう「効率」

を基準とせず、それを求めないとすれば、何が必要なのか。それは一般的な表現ではあるが、豊かな学びをつくるということである。では、豊かな学びとは何か。それはいかなる実践からつくりあげられるのか。一つは学習論、もう一つはガバナンス論としての検討が不可欠である。

近年、学会では心理学の立場からの「変容理論」などの研究がすすめられている。「ふり返り」をとおした「準拠枠」の批判的吟味と転換を重視する研究は、一見、社会教育・生涯学習の実践に生かしやすく、学びを社会過程としてとらえる魅力的な理論としてあらわれる。しかも、意識変容が社会変革と結びつく、という主張に期待が寄せられる。しかし、学びを個人的プロセスとしてとらえることは心理学主義であり、自由主義を支えるイデオロギーである。彼らの意図にもかかわらず、私の評価では、その理論は固体主義的学習観を引きずるという問題にとどまらない。ファシリテーターや研究者を超越的判定者としてとらえ、学習者を「啓蒙・啓発」する権力的操作に帰着する理論である。では、どのような学習論が求められるのか。

ところで、NPOはさまざまな領域で学問的に論じられている。それは、もはや新しい研究領域ではない。欧州や米国を中心とした諸外国のサードセクターに関する理論の紹介と検討、日本におけるNPOの実証的な研究をふまえつつ、経営学、社会学などの領域で扱われている。そこでは、公共的サービスを提供する有力なセクターとしてのNPO論、経営学的な視点からのNPO論、社会学における社会運動としてのNPO論など多彩に論じられている。

社会教育・生涯学習の領域では、社会運動と学習との関連をとりあげることは新しい課題ではない。とくに、一九七〇年代の公害問題、開発問題などへの対抗として湧き上がった住民運動の高揚と結びつく形で、社会教育・生涯学習研究は活発に展開された。そこでは、構造分析と関連させながら、住民運動の組織や学びの内容が分析されるとともに、生活課題と問題学習の統一的な把握が主張された。

しかし、ここでの学習とは講座・市民講演会など、いわばノンフォーマルな教育をとおして社会的な問題の所在と解決の方向性を理解すること、学習の目的は、課題解決の根拠の提供、運動への動員へという展望が描かれた。問題は、こうした運動と学習との関連についてのとらえ方である。つまり、学校教育とはまったく異なる課題意識や学習方法、内容をとらえることの意義はいうまでもないのであるが、そこでは、住民による問題の意識化に期待が寄せられた。また、学習と運動との関連をどうとらえているかというと、科学的知識の獲得、意識覚醒、市民としての成長という水路に沿い流れるかのように理解された。学ぶということは、知識をみにつけることであり、身につけた知識をもとにして新たな段階の行動へと結びつく。運動の意味も、運動の成果達成、運動における技術・技能、運動目標の達成という合理主義的な側面に焦点がおかれ[1]、学習は手段としてとらえられる。この過程は、同時に、運動参加者である市民が運動に対して一つの意味付与を行い、葛藤なく参加を深めていくものとして描かれる。住民は主体的な運動の担い手であるが、同時に、均質的な市民像とでもいえるものである。

ＮＰＯについてはどうだろうか。教育学的な研究は、他の諸社会科学と比較して少しばかり立ち遅れているといわざるをえない。学校教育に焦点をおく伝統的な教育学研究の附置からすれば、それもやむをえないことかもしれない。学校教育に関連しては、学社連携・融合や学びのコミュニティなどの政策・施策をすすめる立場からとりあげられてきたが、研究という名に値する研究は少ない。他方、社会教育・生涯学習研究では、佐藤一子らの一連のＮＰＯ研究をはじめとして、学会レベルでも中心的課題としてとりあげられ、成果が蓄積されつつある[2]。

とりわけ佐藤らの研究は、教育学の視点からの日本におけるＮＰＯの包括的な統計的把握と豊かな事例研究をとおしてＮＰＯの教育力を多角的に論じている。そこではＮＰＯは「社会教育を主に行うもの」以外にも、環境や福祉などの公共的な活動を実践するなかで教育を重視し、また、市民に対して学ぶ機会を提供していることが明らかにされている。NPOは、三つの類型のもとに学ぶ機会をつくっている。一つは、それぞれのNPOの目的を達成するための活動の一環としての学習機会の提供である。つまり、市民に対する学習機会の提供という役割を担う。第二に、スタッフの研修や学習を重視していることもNPOの特徴である。それは実践コミュニティであるとともに、学習する組織としてとらえられる。第三に、社会的な実践という経験をとおした学びである。とくに、後者二つの実践のなかでの教育力については十分分析が深まったとはいいがたい。つまり、学習論の検討が課題として残されている。

これと関連して私たちが注視しなければならないのは、自由主義的改革のなかで市民の社会参加が求められ、これをとおして責任や義務などの観念、道徳性の陶冶が政策的に求められていることであろう。アメリカでは学生を主な対象とするサービス・ラーニング、イギリスをはじめとして欧州ではシティズンシップ・エデュケーションとして、学生はじめ市民の政治教育として政策的に重視され、推進されている。雑駁にいえば、ここには社会の民主主義を実質化するような可能性とともに、国家による市民の新たな包摂のための戦略という側面が内在する。ここから示唆される点は、社会的な課題解決とかかわる参加であったとしても、そして、NPOの実践への参加をとおした学びであっても、無条件に教育的に意味のあるものとはいえない、ということである。ところが、これまでの研究ではNPOへの社会的参加を教育的にも意味あるものとアプリオリに前提して論じる傾向にあった。そのこと自体が詳細に検討されねばならない課題なのである。

NPOの新しい公共性とは何か、ということを確認するとともに、学習の学校教育的理解＝固体主義的理解に解消せず、社会運動と学習との関係をとらえること、しかも運動の「経験をとおして学ぶ」とか、「経験のなかで学ぶ」という議論にとどめる地平をこえたところに学習論を展望する必要がある。社会的実践の学習論的検討が求められる所以である。

三　生涯学習の新しいガバナンス原理

グローバル化と関連させて考えるとき、問われるべきもう一つの実践的課題は、社会教育・生涯学習のガバナンスをめぐる議論である。このガバナンスの問題は、政治学、行政学、社会学などの研究を巻き込み、国際的な広がりのなかで研究と提言がだされている。こうした状況から社会教育・生涯学習研究をふり返ると、この点でも私たちの研究における意識的な取り組みの動きは遅く、まだ少ない。

これまで、社会教育では、権利としての学習条件の保障を国家の責任に求めてきた。その結果、公設公営による運営が自明視され、審議会等の制度を持ちつつも、多くの自治体では、政策・施策の実質的な決定権は行政の手に握られてきた。公設公営の解体、民営化のなかでもこうした構造が再編されるとともに温存・強化されつつある。この点から見るとき、日本的な指定管理者制度等をとおした民営化は、市場化のメリットを生かせないだけではなく、事業結果の数値化と評価をとおして、一見、科学的・合理的な装いをもちながらも、市民の影響力を排除しつつ、より行政の権力を強化するものとしてとらえられる。

では、NPOが行政に代わって担えばいいのか。決してそうではない。学習事業の提供を市民やNPOが担わねばならない必然性はまったくない。私の見解では、ガバナンスをめぐるもっとも重要な論点は権力をめぐる問題であるが、行政と市民との協働という言葉には、ときにまやかしが含まれている。権力の問題としてとらえると、アルスタインのいう「見せ掛けの参加」ではなく、市民自らが権力を握る（「市民権力」の段階）ことこそが根幹である。とはいっても、この「市民権力」は市民だけですべてのものごとを決定するということではない。国際的なガバナンス論のなかで論じられているソシアル・ガバナンス（あるいは、コミュニティ・ガバナンス）というように、個々の市民、地縁組織、そしてＮＰＯなどと共同して運営管理を担うことを意味する。そのとき、行政はどのような役割を担うべきなのか。こうした新しい社会教育・生涯学習のガバナンスの条件とは何か。それをいかに構築すべきなのか。これらの諸点を理論的にも実践的にも究明することが求められる。

以下、この本で議論したい三つの研究課題は、福祉国家レジームを越えて新たなパラダイムへ移行しつつある改革の激流のなかで、今後の社会教育・生涯学習のあり方を論じる際につねに問われるべき課題であり、本書で論じる三つの主題でもある。

註

1　吉田正純は（吉田 2006）で、社会運動研究と学習論との接合を試みている。

2　佐藤一子編著『ＮＰＯの教育力』や日本社会教育学会編『ＮＰＯと社会教育』などがある。

第一部　NPOの公共性論

Ⅰ　NPOの公共性と新しい専門性

はじめに

一九九八年に「特定非営利活動促進法」が制定され、これによって従来の行政や公益法人などとならんで、市民が自由に行う社会的活動をとおして公益を実現するということについて社会的認知を広げる条件が大きく切り拓かれることとなった。行政や市場と並んで、サードセクターが重要な社会的地位を占めるアメリカやヨーロッパの諸国と比較するとまだ十分ではないものの、法人格を取得する団体が急速に増大しつつある。

ＮＰＯとは、狭義には、この法律にもとづいて法人格を取得した団体を意味するが、子どもをめぐる市民活動として、無数の任意団体が存在し、それぞれ独自の活動スタイルで、これまた多様な価値を求めて活動を活発に展開している。こうした任意団体は、規模も小さく、財政的にも人的にもその基盤が不安定であるが、先駆的で、多様な子どもをめぐる教育文化的な環境を創造し、そして狭義のＮＰＯとネットワークをつくりながら地域の教育力を豊かにしている。したがって、ＮＰＯの可能性を議論する場合、広義の意味で、つまり、この任意団体の広がりをもつ市民活動を含めてNPOと呼びたいと思う。いわゆる市民社会組織である。

ここでは、NPOなどの市民活動が子どもをめぐってどのような意義をもっているのか、とくに、従来、行政が担ってきた公共性と異なる新しい公共性を切り拓く可能性を考えてみたいと思う。

一　参加と共同性の復権

仙台市には留守家庭児童会と学童クラブという二つの学童保育事業がある。前者は小学校や近所の民間施設を借りて開設するものであるが、後者の学童クラブは中学校区を単位に整備される児童館に併設されている。市は留守家庭児童会を吸収して学童クラブへ「一元化」をめざす政策をもっていた。こうした計画に対して学童保育連絡協議会は「すべての子どもを対象とした放課後事業にすることに」反対の意見を表明する。こうした状況のもとで、私たちは、保育の協同組合形態の意義を実証的に論じたV・ペストフ（Pestoff 1998）の研究を参考に、組織の運営への参加という視点から調査を実施した。その結果を少し紹介すると、学童クラブへの参加は「年三回ほど開催される保護者会への参加」にとどまっているのに対して、留守家庭児童会の場合には、「父母会」は月一回ほど開催されるため、むつかしいことではあるが「保育の運営や企画、そして子育て相談などを行うこと」への参加がはかられていることがわかる。つまり、仙台市の再編は、父母の参加という点でも問題を孕んでいることが浮き彫りとなる。

この調査の過程で知ったのが、一九九〇年に設立された共同学童保育「アドベンチャー・ファミリー」である。当時、この小学校区には留守家庭児童会があったが、保育時間が短かかったり、長期休業中には開かれない状況のなかで、困った保護者が現在の指導員に相談して一時的に預かってもらうことから事業は始まった。最初は、一人だけの預かりだったのが、この情報が瞬く間に広がり、同様のニーズを持つ保護者や、さらに今後預けたい家庭も加わって共同の取り組みがはじまる。それは小学校近くの民間アパートを借りての船出であった。会の名称アドベンチャー・ファミリーは未知の航海に船出する親子たちの気持ちをよく表わしている。

仙台市の留守家庭児童会では、小学校三年まで、その小学校区の児童だけをあずかることが規則であるが、アドベンチャー・ファミリーでは学年制限も、学区制限も存在しない。長期休業中も八〜一八時まで開設され、しかも、年間行事としてキャンプや芋煮会、クリスマス会、スキー教室、お泊り会、フリーマーケットへの参加など盛りだくさんの事業が実施されている。

このように保護者と子どものニーズに柔軟に対応しているのが魅力の一つとなっているのだが、それを支えるのが父母の運営への参加である。二〇人の理事会が月一回のペースで開催され、財政的な面についての検討から保育内容、諸行事の企画などの仕事を担っている。さらに実施にあたっても企画ごとに実行委員会が組織され責任を担う体制となっている。市からの助成がえられないので財政的には厳しい現状にはあるものの、親や子どもの参加に支えられて活動をつづけるなかで、近隣の小学校区からも子どもが来るなど社会的認知の広がりを見せつつある。

共同学童保育としてはめずらしいものではないだろう。しかし、この実践からどのようなことが読み取れるであろうか。第一に、制度化され、行政が規則にもとづいて実施する公共的サービスが親や子どものニーズに対応していない状況がわかる。さらにいえば、制度化が「学区外はダメ」とか、「三年生まで」と人びとを排除する機構でもあることを明らかにしている。第二に、共同と参画をとおして、私たちが必要とする活動やサービスがつくられるものであることである。最初に事業があるのではなくて、職員と父母、父母同士の平等な参加のもとで議論をかさねつつ活動内容がつくられる。第三に、大切なことは、ここが子どもを預ける空間という意味を越えて、親と子どもの能動的参加と魅力的な人間的関係をつくりあげていることであろう。こうした参加経験を共有した卒業生たちが会の行事に支援者として参加したり、その親たちも小学校などでもＰＴＡの活動に積極的に参加することに結びつく。つまり、自分や自分たちの子どもの育ちだけではなく、参加と共同の経験をとおして子どもが育つ地域社会をつくる力となっているところに大きな意義がある。能動的参加と共同性をつねにつくりだすことの大切さがあらためて感じられる実践である。

二　市場化・制度化と子育ての個別化

一九六〇年代から八〇年代には、子どもをめぐりさまざまな市民の活動が活発に展開してきた。保育・学童保育運動はアドベンチャー・ファミリーと同様に共同の保育空間をつくるとともに、福祉政策の充実を求めて運動を展開してきた。他方、こうした共同・請願型の運動だけではなく、子どもをめぐる文化創造型の活動も発展してきている。文庫活動や親子映画・子ども劇場運動、そして八〇年代には子育て文化協同活動の定着と広がりが見られている。こうした運動の展開が学童保育などの社会的認知と制度化への大きな前進の力となったことは周知のことであろう。

しかし、他面では、難しい状況にも直面してきた。第一に、家庭や地域の教育力の解体といわれる状況が広がり、子どもとそれを育てる親との孤立化や個別化が深く進行した。第二に、運動を担ってきた人たちと一般市民との乖離である。親たちにとって塾や習い事だけではなく、市場化をとおしてつくられた保育サービスを商品として手に入れることが当たり前となり、消費者主義的傾向が強まることとなった。私たちの仕事や生活からゆとりが奪われていることに関係して、運動や創造活動にかかわる「わずらわしさ」よりも、商品として購入することのほうが便利だという意識の強まりである。第三に、行政との関係でも、制度化され、サービスが充実すればするほど共同性は失われ、保護者の参加は形骸化し、依存と受動的関係を疑わない傾向が強まった。調査をとおして明らかになったことは、参加の形骸化は、学童クラブ、留守家庭児童会、そして共同学童保育とを比較するときわめて明瞭なことであるということである。

ところで、福祉の改革のなかですすめられる社会的サービスの契約化はこうした傾向をいっそう強めることになるであろう。生活の個別化ということは現代社会の特徴の一つでもあるが、同時に、政策的にも市場化をとおしてすすめられていることも見ておきたい。

こうして子育てが私事化された状況のなかで、市民が要求運動や創造的運動に一挙に参加することはなかなかむつかしい課題であることは容易に想像がつくであろう。この個別化によりつくられる「私」と公共としての行政との間をつなぐ中間的領域や空間が必要となっている。それが集団としてのＮＰＯであり、地域社会である。

三　子どもＮＰＯの可能性

いま私たちは行政が提供するサービスを一方的に享受するという依存関係をもう一度組みかえること、市民が自らの力でこの公共圏をつくる活動に参加することが私たちに求められている。そして、実際、子どもをめぐる市民活動の質的転換がみられていることに注目したいと思う。

一九六〇年代から一九七〇年代までの子どもをめぐる運動では、学童保育に典型的にみられたように、国や自治体による公的保障を権利として求める制度化の要求が中心であった。この結果、行政が規則にもとづき直接サービスを提供する公設公営の形態がとられたが、共同保育は制度化されるまでの過渡的形態として見なされてきた。しかし、一九八〇年代頃から、学童保育の領域では、アドベンチャー・ファミリーのように、公設公営を求めない共同実践を模索する動きがでてきたことも特徴の一つである。不登校の子どもと親の居場所であるフリースペースとしてはじまる運動では、もともと制度的学校に懐疑的であったために、「フリースクール」という「もう一つの学びの場」をつくることを志向することになる。冒険遊び場運動や文庫活動などは、そもそも制度化になじまない、しかし、子どもの育ちにとって重要な活動を独自に追及しつつある。こうした諸団体が社会的認知と安定化をはかるためにNPO法人格を取得する動きが見られている。

つまり、行政の活動とは離れて、それぞれの子どもへの思いを大切にして共助にもとづく運営をはかり、人びととの共感と支持をとおして行政とは異なる公共性の空間を広げようという動きが少しずつ広がってきているのである。これが、NPOが担う新しい公共性とか、市民的公共性といわれるものである（高橋満 2001）。以下、その意義をここで確認しておこう。

第一に、制度化されたサービスでは十分に対応できないニーズに、先駆的に、かつ柔軟に対応することである。このニーズのなかには、愛情であるとか、信頼であるとか、参加の喜びであるとか、自尊心の充足であるとか、財やサービスには還元できない、権利以上の人間としての欲求を尊重することも含まれる。それらは権利ではないが、私たちの生活の豊かさをつくるために不可欠な要素である（斎藤 2000）。

第二に、こうしたサービスの質は、学校における教師や保育士などと異なる、子どもＮＰＯのもつ新しい専門性ともいえるものによって支えられている。増山均が提唱するようなアニマシオンの活動は日本においては従来の専門職としては成り立ちにくいが、重要な専門性ではないだろうか。しかし、学校外の児童館や青少年施設では指導員の専門性がなかなか認められなかったり、専門職として任用されない現状がある。こうしたなかで、子どもの演劇活動、冒険遊び場運動のスタッフ、支援体験活動のインストラクター、共同学童保育の指導員など、研修と実践をとおしてすぐれた力量がＮＰＯに蓄積されつつある。

第三に、「公設公営」の事業は制度や規則によって枠組みが決められている。画一的といわれる所以であるが、ＮＰＯの事業のもつ高い応答性や柔軟性は職員とともに保護者そして子どもが組織の運営や議論に参画することによって実現される性格をもつ。この民主主義と共同性こそがＮＰＯの命である。そうでなければ、ＮＰＯは市場のなかで消費者に対してサービスを提供するプロバイダーとまったく同じ役割をはたす恐れもある。行財政改革のもとすすめられていることからも察知しうるように、可能性とともに危険性を孕むことも、ここで指摘しておく必要があろう（高橋 2001）。

第四に、子どもが健やかに育つ地域社会の力を再生し、高めることが焦眉の課題となっている。学校や保育園などの公的機関、子ども会などの地縁団体、そして多様な子どもをめぐる任意団体などが集い、地域の子どもの育ちをめぐり共通の目標をつくりあげ、コラボレーションを形成するうえで、まさにサードセクターとして媒介的な役割をはたすＮＰＯ団体の役割への期待は大きいものがある。

このような多様なＮＰＯが、それぞれの社会的使命の実現をめざして活動を展開し、そのネットワークが幾重にも重なっている姿を想像してみよう。それは従来の地縁や血縁とは異なりすべての人に開かれた公共的な空間として、地域に新しい共同性の復興をすすめる豊かな「地域の力」となる可能性を秘めている。

四　社会的権利と行政の責任

新しい公共性は市民の能動的で持続的な参加によって支えられるが、ここで最後に強調したい点は、行政の役割である。まず、社会的権利としての子どもを含む国民の福祉や教育・文化的権利は国家によって保障されることが確認される必要がある。とくに、行政が財政的責任を放棄することは許されない。あのアドベンチャー・ファミリーの活動に財政的な補助がえられたら、どんなにすばらしい活動がさらに展開できることであろう。しかし、そのことはサービスの実施を行政が直接に担うことを意味するものではない。まず、行政が直接担うべきなのか、そうでないとすれば、どのような担い手にすべきであるのか、NPOへ委託すべきなのか、大いに議論があってよいだろう。しかし、大切なことは、こうした政策の形成過程に市民が大きな影響力をもつことを制度化したり、実質化することが不可欠である。仙台市の学童クラブ一元化はこうした市民参画が十分でなかったことを示している。さらに、サービスをNPOなどに委託する場合には、委託者としてそのNPOの選択や評価を行うことになるが、この選択と評価の過程自体が行政の権限を強めるものであっては分権の意味がない。

NPOは、子どもをめぐる事業体としてだけではなく、行政との健全な緊張関係を常に保つ社会運動体としての姿勢を堅持することが大切である、と私は考える。

Ⅱ　NPOと市民的公共性

はじめに

二一世紀に入ったいま、社会は大きな危機のなかにある。バブル崩壊以後の経済危機のもとで中高年層だけではなく、青年層の失業や就職問題が深刻化しつつある。子どものいじめや自殺、犯罪などの逸脱行動も社会問題化している。くわえて従来不安定雇用労働者をめぐる貧困問題としてとりあげられてきた派遣労働、契約社員、パート労働など非正規雇用の拡大により人びとの経済的・社会的格差はいっそう増大している。リスクの社会的な普遍化である。

これらの諸問題や状況は、現在すすめられつつある自由主義的改革のなかで拡大している労働・生活をめぐる危機であり、こうして市民の不安は蔓延しつつある。こうしたなかでNPOといわれるようになった市民活動の興隆がみられ、国家と市場原理を越え、二一世紀に市民的公共性をうみだすものとして大きな期待が寄せられている。**表Ⅱ-1**にみるようにこの社会運動は、かつての労働運動や住民運動、新しい社会運動と共通性をもちながらも、行為主体、イシューの性格、事業を含む活動スタイルなどの点から見て、異なる質をもっている。しかし、他方で、原発や干潟干拓反対など環境をめぐる市民活動が活発に展開されるものの、経済のグローバル化や自由主義的改革に市民の政治的参加や社会的運動との連帯をとおして対抗しようという意識は希薄である。こうした事態をどう理解し評価したらよいのであろうか。

以下では、国家的公共性の揺らぎの検討をとおして、新しい公共性をつくるためにどのような視点が求められるのかを探る。その上で自由主義的改革のもとすすめられつつある市場化の問題点を指摘し、多様性を有するサードセクター・NPOが公共性の再構築においてどのような意義を持つのか、について検討したい。

一　国家的公共性の危機――国家を越えて

福祉国家の危機と公共性

福祉国家の危機、ないしは黄昏が指摘されてからすでに久しい。戦後の経済成長を基盤にして完全雇用を謳歌した〈黄金の時代〉はすでに過去のものとなった。社会保障・福祉や教育政策をとおして機会均等と社会的格差の是正をはかり、かつ国民統合を達成しえた福祉国家の正統性さえ疑問視されつつある。

公的財政による社会保障・福祉や教育などの社会的サービスの規制と実施を行政が一元的に

表II－1　諸社会運動におけるNPOの位置

社会運動	行為主体	イシュー	行為様式	価値指向性
労働運動	労働組合	賃金・労働条件	闘争・ストライキ・交渉	社会主義
住民運動	地域住民	生活・環境	交渉・選挙	生活の価値
新しい社会運動	女性・高齢者	人権・平等	交渉・抵抗・抗議	共生の価値
NPO	多様な主体	多様な争点	事業・交渉・抗議	多元的価値

担う体制のもと国家的公共性は支えられてきた。従来、公共的なものとはもっぱら行政が担うものと見られてきた。この公共性は多数者の意思を尊重する民主主義にもとづく制度により支えられてきたが、しかし、その正統性がまさに揺らぎつつある。

第一に、この公共性のもとでは国民の多数が求める社会的サービスが公的財源により充足されてきた。しかし、だからこそといってよいだろう、財政危機のなかでそのコスト・パフォーマンスが鋭く問われ、行政セクターの非効率性が厳しく批判されることになる。第二に、行政サービスにより多数派のニーズが重視されるということは、画一的という面を含む。これまで行政が担ってきたこうした社会福祉や教育の基礎的ニーズは、豊かな社会のなかではもはや達成されたのではないか。しかも、市民のニーズの多様化や個別化に対応できないのではないかという批判が加えられる。第三に、格差こそ競争のインセンティブにほかならない。国際的競争のもと、社会的格差や不平等を是正するという国家による介入を正統化する目的そのものが批判の対象となる。

周知のように、こうした行政サービスの非効率性や画一性という厳しい批判のなかで国家的公共性の正統性が揺らぎ、こうした状況を梃子にそのサービスの市場化が政策的に追求されている。

国家的公共性と民主主義

この福祉国家批判は、効率性や柔軟性という社会的サービスの提供をめぐるものであるが、新しい公共性のあり方を構想するため、さらに福祉国家をめぐる根本問題にも触れておく必要があろう。すなわち公共性と民主主義をめぐるラディカルな問題の提起である。具体的には、新しい社会運動などが提起する、福祉国家体制のもとでこれまで排除されてきた人びとの「参加」をめぐる問題である。

第一に、福祉国家体制が国民国家を前提とし、しかもそれを支える社会的パートナーたちによる制度化された「妥協」のもとに利益の再配分をしてきたのではないか、こうした利益を享受する権利からマイノリティの人びとが排除されてきたのではないか、という批判である。難民や移民、労働力として流入してくる外国人など定住者たちが、国民ではないために、あるいは国民国家の成員資格を有するにもかかわらず高齢者や女性、労働組合などに組織されない人びとが市民権から排除されてきたことに異議が申し立てられる。

第二に、福祉国家体制が市民の孤立化と依存性を生みだしてきたことである。すなわち一九六〇年代から一九七〇年代の社会工学的発想にもとづく社会計画論の興隆に端的に見られるように、社会的権利とはいえこれまで社会的サービスの水準や質の決定は官僚や学者たち専門家集団に委ねられ、市民は公共空間から排除され、孤立化され、こうして決定され提供されるサービスをただ受動的に享受する立場におしとどめられてきたのではないか。しかも、この実施も行政にゆだねてきた結果、本来的に人びとがもっている能動的参加と協同の意欲と能力が疎外されてきたのではないか。こうして国家的公共性が市民的共同性の解体をともないつつ構築されてきたことが鋭く批判される。

国家的公共性をめぐる問題から明らかとなる公共性のプロブレマティークとは、効率性や画一性の批判として問われるコストやサービスの質や多様性をめぐる優位性の問題だけではない。むしろ、そこで問われたのは、公共的空間からこれまで排除されてきた人びと、多様な異なる要求をもつ主体の参加をどうはかるのかということであり、どのような社会的財やサービスを、だれが提供すべきなのかということについて、いかに社会的合意を形成するのか、という民主主義と共同性を再構築する問題としてとらえられねばならない。

二　公共性と市場化——市場を越えて

教育の市場化の限界

現在の改革は、民営化の一つの方法として従来社会的権利として国家により保障されてきた社会的財・サービスの交換をできうるかぎり自由な市場の選択に委ねようという戦略をとる[1]。つまり、公的セクターによる画一的・標準化されたサービスではなく、市場化をとおして効率的であるとともに、多様化、個別化、そして高度化した市民のニーズに対応することができると主張する。しかも、エンパワーメントをとおして消費者主権を実現する、という。

しかし、NPOとの関連を見るうえでも、社会的権利として提供される福祉や教育サービスを市場化する限界を見ておく必要があろう[2]。その問題の一番のポイントは、市場化論が通常スーパーなど商店で売買される商品と持続的な人間関係のもとでおこなわれる教育や福祉サービスとを区別しない誤謬である。

一般商品市場における「自由な選択」では、よりよい商品、より安い商品をもとめ、満足しない場合には消費者が「退去」(exit)することが想定されている。このことによって不断の競争が生まれ、商品の低廉化や質の向上がはかられる、といわれる。ところが、人的サービスの場合には、時間と空間を越えて自由にアクセスできるわけではないし、退去のコストを考えると提供者と消費者の安定した関係をつくりあげることがもっとも合理的な関係性である。このことは買い物の際の店の選択のように気ままに学校を変えることなど夢想でしかないことからも容易に理解できよう。

こうした議論を「市場の失敗」として指摘される諸点をあげることによって論破することはたやすい。しかし、第一に、多様性、柔軟性をもったサービスにどう対応するのかという、私たちに突きつけられた課題にこたえることには結びつかないだろう。第二に、それだけでは、もっとも批判しなければならないポイントをはずすものにとどまることを指摘しておかなければならない。つまり、消費者主権や消費者としてのエンパワーメントを強調する一見魅力的な議論であるかのような印象を与えるが、公共性の主体としての参加の基盤を掘りくずす戦略であるということである。

とはいっても、まず、教育や福祉など社会的権利として提供されるサービスを市場化する限界を指摘することは必要だろう。それは教育の固有の性質と関連する。例えば、公民館の学習過程を想起するとすぐ理解されるように、そもそも教育の質は講座のまえに確定することはできない。教育者と学習者とのインターラクションのなかではじめてそれは生みだされる、いわゆる〈共産的性格〉をもつ。したがって、福祉や教育など持続的人間関係のなかでおこなわれるサービスの質の向上のためには利用者の意見表明と両者の積極的で建設的な対話、すなわち「発言」(voice) がもとめられる。社会教育においても学習者相互、学習者と教育者との水平的関係における自由な討議のなかで学びがつくられ深められる必要があることから容易に理解されよう。

市場化と社会的権利の解体

ところで、教育における市場化をめぐる問題は、その限界問題にとどまらない。むしろ、それが社会的権利を解体するということに問題がある。

エンパワーメントをするという場合、それがどのような側面において問われるのかを整理する必要があろう。社会的サービスに対して、私たちは、ときに市民として、消費者として、また客としてなど、さまざまな回路をとおして影響力を行使しうる。このうち消費者主権ということは一つのエンパワーにはほかならないが、それは市場においてすでに生産されたもの（客の場合にはサービス）に消費者として対峙しうるだけの権力である。しかも、先にのべたように気にいらなければ退去するだけの関係でしかない。

したがって、市民から消費者への転換は単なる用語上の問題を越える意味をもつことが察知しえよう。つまり、最大の問題は、社会的権利をめぐる国家と市民との権利と義務とのナイーブな関係を生産者・提供者と消費者との関係に置き換えるところに論点がある。私たちは国家に対して市民として、その政治的契機をとおして影響力を行使することができるが、これを消費者に置き換えることをとおして社会的権利を保障する国家の責務は、市民による政治的選択の問題から消費者としての満足の次元に解消される。こうして気づかれぬうちに社会的市民権が歴史的に問うてきた社会的平等を実現する国家の責務は等閑視される危険性をもつ。

現在の改革をめぐるもっとも重要な争点は、社会的権利をめぐる先入見の再編をめぐるものであるが、社会的権利を市場化することの危うさは、それが消費者主権や消費者としてのエンパワーメントを強調して魅力的であるかのような印象を与えつつ、その問題に関する議論を公共空間から閉めだすところにある。

三　ＮＰＯがつくる公共性

三つの道

これまで福祉国家の危機をとおして国家的公共性の揺らぎがいかにつくられてきたのか、また、公共性の再構築が問われるなかでどのような視点が求められるのかを明らかにしてきた。つまり、ここで問われるべきは、効率性や柔軟性というサービスの質であるばかりではなく、より重要なのは、新たな共同性を市民の参画と共同討議をとおしていかにつくりうるのかというところに求められる。言いかえれば、民主主義をいかにつくりあげ、実質化するのかということである。

二一世紀に入った今、私たちは国の形象をめぐる大きな選択の岐路に立たされている。大きく分けると、三つの選択肢が考えられよう。一つは、従来の福祉国家の施策を継承する方向で、大きな政府のもとで社会的権利を保障するというものである。しかし、これまでも福祉国家への批判がなされてきたように市民の排除と依存の構造をつくりだす危惧が大きい。第二に、基本的に個人の自立と自己責任を基調として残余的モデルによる最低限の社会政策・保障というセーフティ・ネットがこれを補完するという方向を志向する。いわゆるアメリカ型ＮＰＯの育成とセットですすめられている、政策の求める社会像である。これはかつて批判された日本型福祉国家を新しいヴァージョンで継承するものであり、問題が多い。これに対して、私が示したいと思うのは、第三の方向であり、そのなかでサードセクターが大きな役割をはたす。

これを論じる前に教育や福祉など社会的サービスを提供する原理を整理することからはじめよう。

社会的サービスの配分原理

教育や福祉などを私たちは社会的権利としてとらえるが、ポランニ（ポランニ 1975）を参照しつつその財やサービスの配分をめぐる主体とその原理を区分すると、次の四つにわけることができる（**表Ⅱ-2**）。

第一に、家族や地域社会である。配分原理としては「自助」にもとづくが、このことは直ちに必ずしも個人が自立することを意味しない。家族や地域社会において、人びとは血縁と地縁により結ばれ、相互に助け合いつつつ生活を維持再生産している。歴史的には、「自助」はほかの配分様式と結びついて、その補完的役割をはたしてきている。この様式のもとでの配分は、愛情にもとづく人格的関係として扶助が行われるが、時に、この関係が支配・従属の関係に転化することも歴史の教えるところである。また、この人格的依存関係により「無私」の相互扶助的関係が形成されるが、同時に、この関係外の帰属的関係からはずれるものにたいして排除的ともなることを指摘しておきたい。

第二は、市場的関係である。利己的に自己の利益を追求する個人(homo ecomonics)により構成される配分様式である。それは競争により不平等を生みだし、市場における底辺層の排除をつくりだすメカニズムとなるが、しかし、ここに進歩的側面があることもみておく必要がある。つまり、先の関係が、家族や地域社会における狭隘な人格的依存関係、時に、支配・従属関係に転化する関係を生みだすのであるが、市場はこうした関係を取り払い、国家をも越えて、普遍的で、平等なもの同士の関係をつくりだす。マルクスのいうように、自由、平等という観念そのものが、こうした市場の関係を基盤として人びとの先入見として定着する。こうして、この関係は貨幣により媒介される平等な相互依存関係をつくりあげる。

第三が国家による権力的配分である。T・H・マーシャル(マーシャル 1993)がイギリスを事例に市民的権利、政治的権利より遅れて社会的権利としていかに発展してきたかを分析したように、歴史的には、国家の成員である国民に対して社会保障や医療保障など、失業保険や教育をとおして社会的資源の再配分や公的サービスとして発展してきた領域である。重要なことは、国家セクターは、租税などの形で貨幣を回収・集積し、これを法律や予算をとおして再配分す

表II -2　社会的サービスの配分原理

領　域	媒介原理	配分様式	結合原理	基本性格
家族・個人	愛	自助	帰属的縁	無私性・排他性
市場	貨幣	交換	自己利害	相互性・競争
国家	権力・連帯	再配分	権力関与	権利・義務
市民協同	協同・連帯	互酬	選択的縁	価値の共有

るわけであるが、その権力のよって立つ基盤は社会的連帯にほかならないということである。それは若年者と高齢者、勤労者と失業者、健常者と障害者などとの連帯としてとらえられ、しかも、その内実は国によっても時代によっても異なる。ペストフは、制度化された連帯（Institutionalized solidarity）といっている（Pestoff 1998, 63）。つまり、社会的に合意された水準の経済的・社会的・文化的生活を連帯して保障し、享受することを相互に認めあう関係性である。

第四は、サードセクターが担う協同にもとづく互酬的配分である。互酬的配分では、関係する両主体の直接的な交換だけではなく、配分が次から次へと移転しながら、やがて円環的にもどると「想定される」互酬的関係もそこに含まれる。しかも交換されるのは、いつも同じ財であったり、等価の交換であることを求めない。後に見るように、この互酬性では、当面は不等価であっても、将来的には相互の移転行為が行われると想定されるところに意味がある。この関係は、血縁や地縁にもとづく関係のように狭隘で、時に拘束的な性格をもつことなく、普遍性、平等性を求められることもない。帰属ではなく、選択的関係として構成される。このことは、柔軟性や先駆性という特性と結びつくこの配分原理の長所であるとともに、同時に、弱点でもあることも指摘されるところであろう。

ここで確認すべきは、これら四つの主体・原理はそれぞれ歴史的に比重を変容させつつも相互に補完しながら並存してきたということであろう。自由主義者のいうような、「国家ではなくて市場」という議論はその意味で極めてイデオロギー的な主張である。これと同じような意味で、ＮＰＯだけが優位性をもつかのような議論をすることも誤りである。むしろ、それらの相互関連のなかで、ＮＰＯが公共性の再構築をめぐってどのような役割を果たしうる可能性があるのかを明らかにすることが必要である。

サードセクターの媒介的位置

図Ⅱ－1は、ペストフ（Pestoff 1998）の社会的サービスの配分原理であるが、これまで見てきた国家、市場、そして家族・地域とならんで、その中央に位置するのがサードセクターである。彼は、このサードセクターにはアメリカの定義によるＮＰＯだけではなく、欧州を念頭におきつつ協同組合や社会的経済などが含まれると主張する。

ここで国家、市場、家族・地域と、このサードセクターに重なる部分があることがわかるが、それはこのサードセクターが媒介的役割を果たすことを示している。この媒介的位置にあるサードセクターの意味を示すところを整理しよう。

まず、先にも指摘したように、それは各セクターの役割は一方の増大が他方の縮減となることを前提としないことを端的に示している。とくに、国家の役割の縮減とサードセクターの役割の増大とをセットで論じることは極めてイデオロギー的議論であることが明らかである。

第二に、これら諸セクターを分割する境界線は固定しているわけではなく移動しうるものである。そのことは、サー

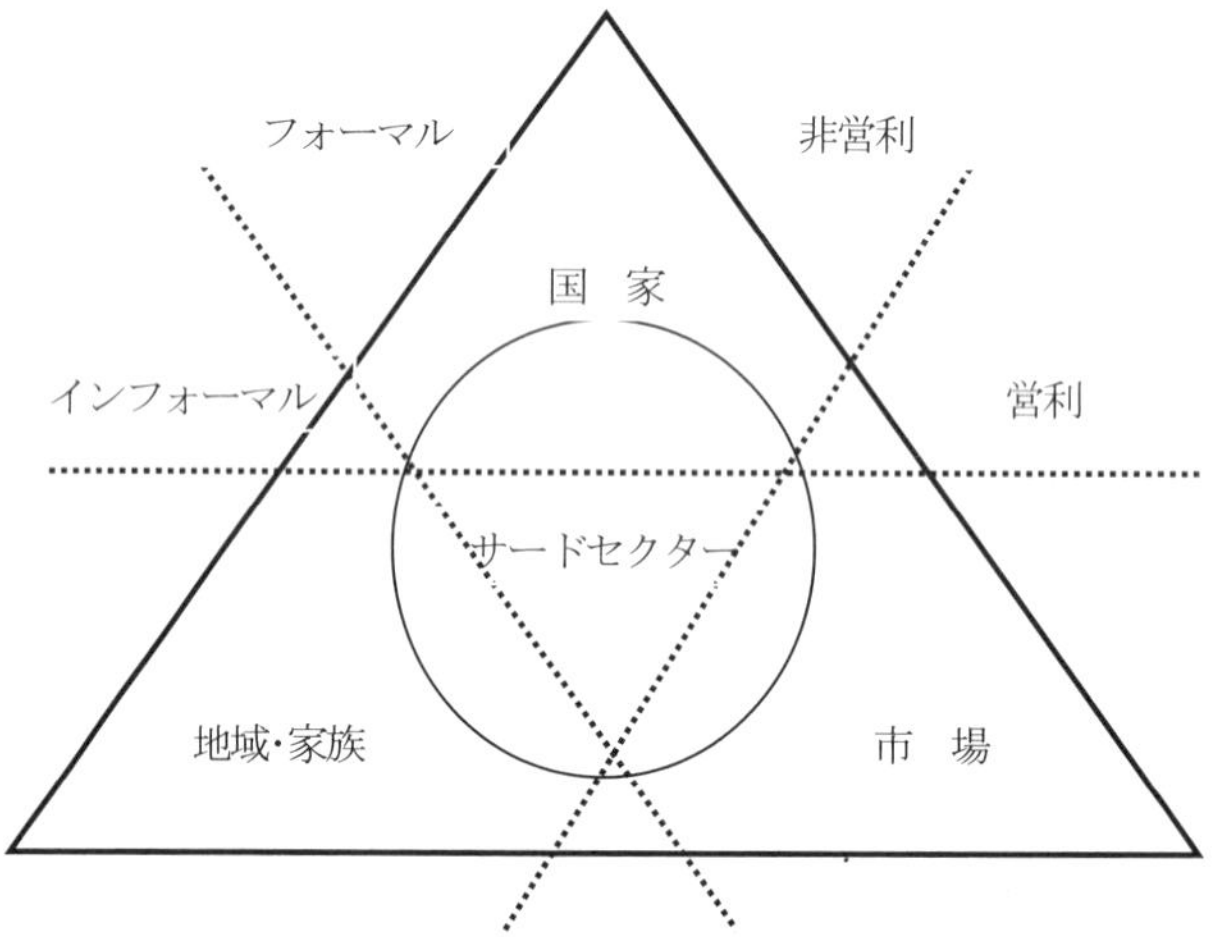

図Ⅱ－1　社会的サービスとサードセクターの位置

注：Pestoff 1992 により修正作成

ドセクターを構成するNPO、協同組合、社会的経済などが国家、市場、家族の各セクターの原理と相互浸透して、その影響を受けうることを示唆する。つまり、例えば、NPOといっても、その性格そのものが変容し、市場至上主義的組織にも、行政支配の補完的組織にもなりうることを意味している。NPOを理想化する議論もイデオロギー的な意図があるが、そうした機能をはたす危険があることも指摘しておこう。

第三に、しかし、こうした他の諸セクターとの相互浸透のなかにその媒介的位置を積極的に評価させるものがある。つまり、サードセクターが媒介することをとおして国家、市場、家族の原理にハイブリッドな新たな質を加える可能性である。これまで国家的公共性を支えてきた制度や構造、市場至上主義による活動を新たな質のものとして再生し、これを制御する可能性である[3]。

こうした積極的可能性を実現するうえで大切なのは、各サードセクターがもつ多様な社会的使命、社会的価値であろう。それぞれの組織がどのような社会的価値をもちつつ活動しているのか、その活動をとおして社会的価値に対する市民の共感と理解をいかに広げることができるのか、ということが実践的にも問われる。

四　国家的公共性の再生と市民的公共性

サードセクターと国家的公共性の再生

現在、政策的にもNPOはこれまで行政が担ってきた社会的サービスを引き受けたり、その提供において行政との協働をすすめることが期待されている。

こうした状況のなかで、もう一度確認したいのは、社会的権利が国家によって保障されねばならないということである。それは多分に強制的であり非人称的なものであるが、社会的連帯そのものであり、多元的な市民的共同と連帯の基礎でもあるということである。その社会的サービスは権利であるからこそ財政がどうあろうとも国家により保障されねばならない。だからこそ権利をめぐるせめぎあいがあり、政策的にはその「私化」が追求されているのである。

国家の役割を再確認しつつ、しかし、同時に、二つの点で大きな転換が求められる。まず、第一であるが、そのことは社会的サービスの実施を行政が一元的に行うことを意味するものではない。国家の財政面での責任を確認しつつ、民営化をとおしてＮＰＯがその供給や実施を担うことは十分ありうるし、むしろ積極的であるべきだと考える。それは、多数者のニーズに対応するだけではなく、ＮＰＯや協同組合などにより当事者の自己決定を公共的サービス供給に組み込んでいくことをとおして、柔軟で先駆的なサービスを提供することを可能とする。また、行政とは独自の活動をとおして市民的公共性を創出することが、多元的で民主的な、かつ真に豊かな社会をつくることに結びつこう。先にも指摘したように、他のセクターと対比してサードセクターの活動をとおして実現する社会的価値にその固有の意義が求められる。

第二に、その公共性とは行政官僚、学者、社会的パートナーたちによる「協調」をとおして決定されるのではなく、また多数派ゆえに正統性をもつものでもない。市民の社会的参加と討議をとおして公共性の内実とその提供のあり方が決められていく必要がある。ＮＰＯや協同組合などのサードセクターと行政とのパートナーシップや協働の重要性が指摘されるが、この点で大切なのは、政策形成過程や行政の意思形成過程に市民セクターが影響力をもつことを固有の課題として追求する必要があろう。ＮＰＯは市民的公共性を実現するため「社会的」であるとともに、言葉の正しい意味で「政治的」でなければならない[4]。

社会関係資本と市民的公共性

L・サラモン（サラモン 1999）は、NPOが「民主主義社会と市場経済を効果的に機能するための中心的役割を演じる」社会関係資本を創造するものであることを重視している。では、この社会関係資本とは何であろうか。

R・パットナム（Putnam, 1994）は日常的生活圏における社会的諸問題を解決するために、国家や市場による解決、すなわちハードソリューションに対して、地域における人びとのネットワークを形成をとおして解決をはかるソフトソリューションの意義に注目し、これを担うのが社会関係資本であるといっている。この資本を生みだす本質的要素が「市民参画のネットワーク」であり、それは地域における日常的な社会的関係のなかで形成される。つまり、この資本は人びとの関係が濃密な小さな範域で人びとの協働的な社会的活動をとおして、その副産物として生まれる。

彼の論述で示唆的であるのは、その組織の構造をめぐる特徴についてであろう。パットナムによれば、とくに権力と資源において水平的な構造をもつ組織また組織間のなかで相互の情報交換と信頼が醸成される、という。こうしたネットワークと相互信頼から地域社会の人びとの意識に埋め込まれるのが「互酬性の規範」である。利他的活動としての公益的活動が将来的に別の形や量において報われるということの相互了解といってよいだろう。つまり、そこでは利己的側面と利他性、連帯と相互承認が実現しているといってよいだろう。

新自由主義は、特定の価値を前提とせず選択革命をとおして公共性をつくろうとするが、自由主義のよって立つ「自由な行為者」が想定する社会像は虚構でしかない。しかし、かといって日本の一部政治家が志向している伝統的な権威の復活をとおして社会統合を再生することはより大きな問題を孕む。第三の道は、家族、地域社会、同業者集団から国家に至るまでの多層・多元的な集団に位置づけられた市民により構成される水平型の組織または組織間のネットワーク型の社会像を探求する。こうした多層・多元的で、かつ水平的構造をもち、社会関係資本を生みだす集団の一つとしてＮＰＯを位置づけることができよう。

したがって、ＮＰＯの公共性とは、その提供するサービスの先駆性、柔軟性や効率性における優位性だけを意味するだけではない。市民によってなされた社会的価値をめざす活動をとおして社会関係資本を生みだし蓄積すること、すなわち市民活動のネットワークの形成をとおして醸成される相互信頼や互酬性の規範を生みだすこと、そして、これを地域社会のなかに遺伝子のように埋め込むところにある。

こうした相互信頼、愛情、連帯感などは権利とはなりえないが、社会生活の不可欠の公共財として私たちの豊かな社会生活の基礎をなすものとなろう。

おわりに

現在すすめられつつある自由主義的改革のなかで市民の「参加」が多様に、意識的に追求されている。政策の問題意識は、「豊かな社会」における経済成長への意識面でのドライブをいかに実現するのかということにある。したがって、「市民参加」の一つとしての市民活動を盲目的に評価することはあまりに楽天的といわざるをえない。

市民参加や民主主義という点でも、私たちはいま大きな転換期におかれていることを指摘してきた。そこで問われているのは、社会的サービスを市民が担うということではなくて、市民が政策形成過程に真に参加しうるのかということである。ＮＰＯを評価する場合にもこうした視点が求められよう。ＮＰＯがどのような機能をはたすのか。また、人びとのエンパワーメントにいかに寄与をなしうるのか、ということが問われよう。

こうした転換期にあって、NPOなどの市民活動がパットナムのいう社会関係資本として地域社会を豊かにする信頼や参加というような価値やネットワークを形成する重要な契機となることが期待される。なぜなら、この社会関係資本は、他の資本と異なり水平的構造をもつ組織の社会的活動の副産物として形成されるものだからである。私たちの関心に引きつけると、社会的活動の不可欠の要素として行われる学びをとおして紡ぎだされるものである。

しかし、繰り返しになるが、そのためにはNPOには「社会的」であるとともに「政治的」でもあり、社会的権利の内実をより豊かにするような実践を意識的に追求することが求められる。市民活動をとおして私たちは、社会的権利をより豊かにしたり、また、それを実質化していかなければならない。それが二一世紀における私たちが望む社会的進歩である。

註

1　こうした民営化の手法として、家族・地域への「私化」、市場化とならんでNPOへのサービスの委託がある。NPOへの政治的注目の理由の一端もこうした民営化戦略にある。この点については、高橋（高橋 2003）を参照。

2　教育の市場化することの問題については、（高橋 2003）を参照。

3　この一つが、コラボレーションによる質の転換がある。また、コラボレーティブ・ガバナンスも新しい質をもった統治を可能とする機制である。

4　この点で、多元的価値をめざすNPOが、国旗・国歌法や盗聴法などに対して極めて鈍感な対応を見せていることにもどかしさを感じざるをえない。

第二部　協同的実践の学習論

Ⅲ　学びの場としての市民活動

はじめに

「学習する」、「学ぶ」という言葉から、私たちはどのようなことを思い浮かべるだろうか。学校や生涯学習施設などの授業や講座を想起するとわかりやすいかもしれない。しかし、生涯にわたる過程としてみると、本来、学びの場は多様であり、豊かな広がりをもっている。また、単に教養を身につけるということを越えた意味を持っている。

このことは学びの場としての市民活動を考えると明らかであろう。以下、市民活動における学びの特徴と意味について考えたい。

「学ぶ」ということについてユネスコの学習権宣言は、以下のように述べている。

学習権とは、
　読み書きの権利であり、
　問いつづけ、深く考える権利であり、
　想像し、創造する権利であり、
　自分自身の世界を読みとり、歴史をつづる権利であり、
　あらゆる教育の手だてを得る権利であり、
　個人的、集団的力量を発達させる権利である。

ここで大切なことは、自分自身を省察的にとらえ、人生の目標を着実に追求するだけでなく、集団的にも、ともに社会を反省的にとらえ、その社会の変革に実質的に参加しうる意思と能力をわがものとする過程として学習がとらえられていることである。つまり、公共的意思を形成し、理解し、討議・行動する個人的、集団的力量を、生涯にわたる学びをとおして支えるということが確認されている。したがって、学ぶということと、行動するということは分かちがたく結びついており、だからこそ学ぶことは社会的権利として保障されるが、しかし、権利以上の価値があるとも主張されている。

では、市民の自主的な社会的諸活動と学ぶこととどのような関連をもつのだろうか。

一　社会的実践と学ぶこと

一般に、労働や市民活動そのものが学習である、ということもいわれる。アメリカや日本では市民活動というとNPOが注目されているが、ヨーロッパでは社会的経済や協同組合が大きな役割をはたしている。この協同組合についての私たちの調査によれば、学習と社会的活動との関連は、図Ⅲ-1、図Ⅲ-2のようにまとめられる。

まず第一に、社会的活動への参加は学習一般への参加と結びつくものではない。社会的活動への参加の有無は、「スポーツ活動」や「文化芸術活動」とはあまり関係しない。これが意味を持つのは、図に見るように「学習活動」であり、しかも、すべての学習領域ではなくて、参加している社会的活動と関連する特定の学習領域への参加と結びつく。

第二に、しかし、社会的活動へ参加する人は、他の社会的活動諸領域へも市民として能動的に参加する傾向がある。したがって、こうしてつくられる社会的活動への参加の広がりが、人びとの学びの広がりをつくりだすことにつながっていく。

第三に、社会的活動や学習と人びとのエンパワーメントとの関連をみてみよう。さまざまな社会的諸活動のなかで人びとは社会的諸資源や主体的力量を高めている(エンパワーメント)と考えられるが、図Ⅲ-2に見るように、参加の有無と「表現力」と「理解力」に相違はあまりみられない。ここから確認できることは、社会的活動への参加のなかでえられるものは、具体的な活動と結びつく「地域課題の理解」についてであり、さらに、自己の「行動への意志」と「他の人びとと協働する力」である。

こうした課題理解と活動への意志にもとづく課題解決のための活動を支えるのが「学習活動」という関連をそ

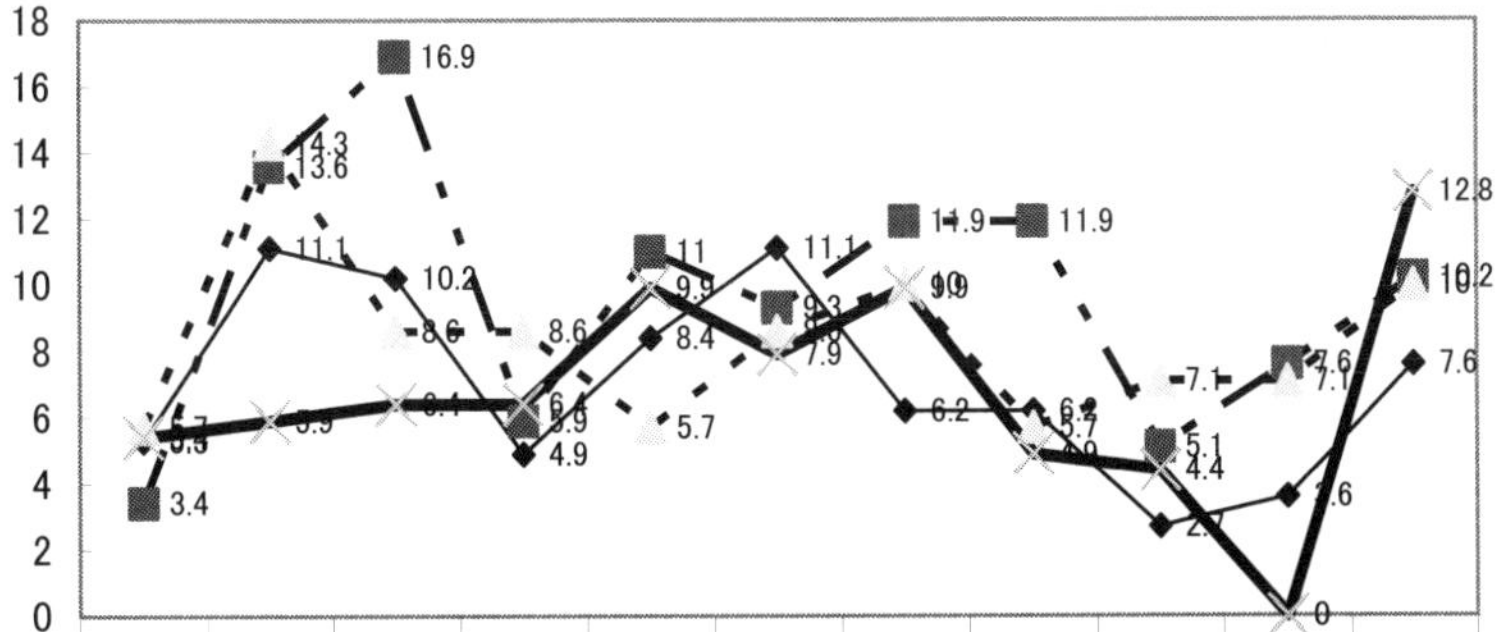

	外国語	家政・家事	医療・保健	育児・家庭教育	人文	教育・福祉	環境問題	社会科学	商業実務	女性問題	その他
共立社	5.3	11.1	10.2	4.9	8.4	11.1	6.2	6.2	2.7	3.6	7.6
医療生協	3.4	13.6	16.9	5.9	11	9.3	11.9	11.9	5.1	7.6	10.2
農協	5.7	14.3	8.6	8.6	5.7	8.6	10	5.7	7.1	7.1	10
非加入	5.4	5.9	6.4	6.4	9.9	7.9	9.9	4.9	4.4	0	12.8

図Ⅲ -1　協同組合への加入と学習活動への参加

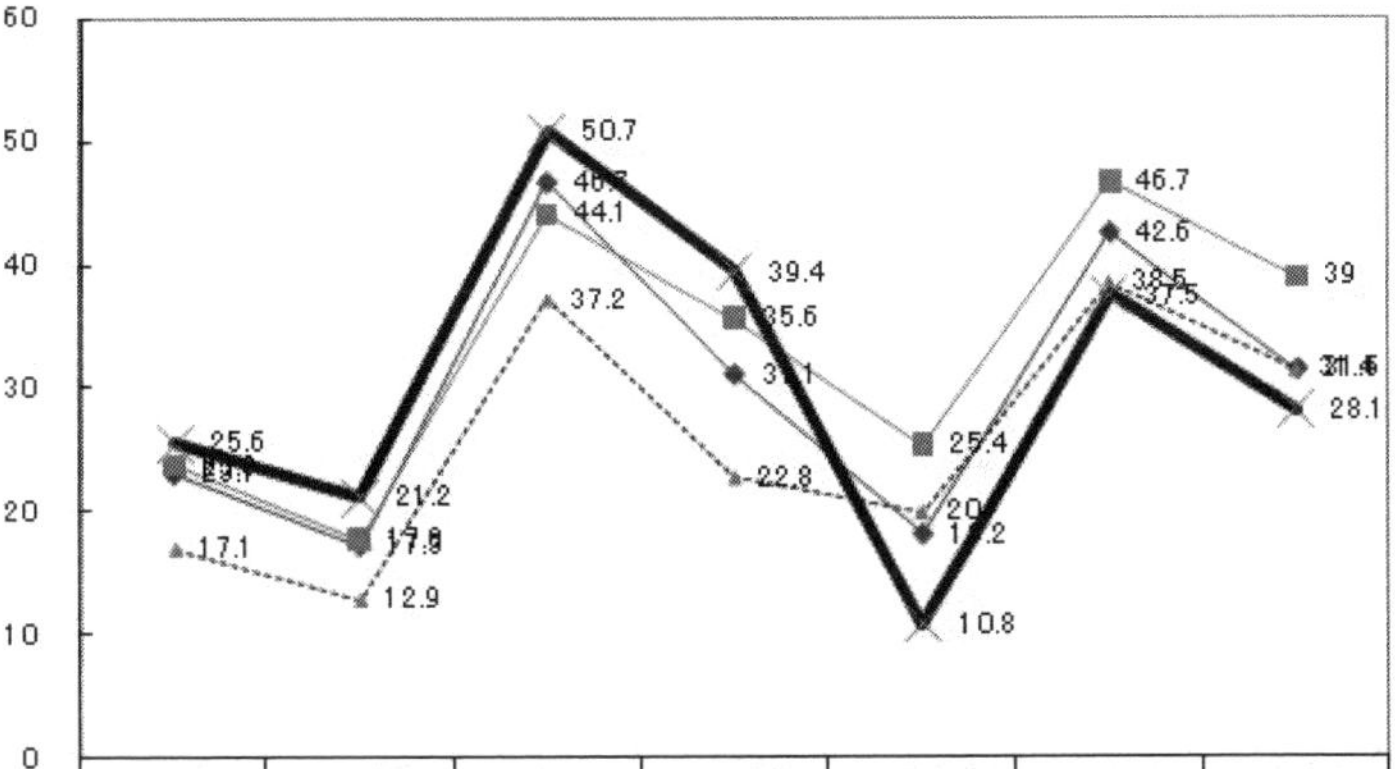

	発表力	説得力	理解力	価値理解	課題理解	協働力	行動力
共立社	23.1	17.3	46.7	31.1	18.2	42.6	31.5
医療生協	23.8	17.8	44.1	35.6	25.4	46.7	39
農協	17.1	12.9	37.2	22.8	20	38.5	31.4
非加入	25.6	21.2	50.7	39.4	10.8	37.5	28.1

図Ⅲ -2　協同組合加入と自己評価

こにみることができるであろう。学びの場としての市民活動は、本来、市民が持っている、こうした力量を育む苗床の役割を果たしている。

二　市民活動と学びの転換

先に指摘したように、「学ぶ」というとき、私たちは学校教育をまず思い浮かべるであろう。教育＝学校という先入観に縛られている私たちには、学校という特異な空間のなかで、科学的に確証された知識の体系を教師を介して覚えていく、こういう過程を「学ぶ」ととらえがちである。しかし、これはフォーマル・エデュケーションといい、学びの一形態にすぎない。

それに対して、環境や人権問題などをめぐる市民活動では、ワークショップ、見学、フィールド調査、討議などの方法が、目的と対象に応じて多様に、かつ柔軟に使われる。これらの学習方法は、新しい参画型学習として脚光を集めているが、実は、社会教育の領域では戦後すぐアメリカから紹介され、実践された歴史的蓄積がある。これがノンフォーマル・エデュケーション、つまり、型に嵌っていないが、意図的かつ組織的に行われる教育活動である。さらに、市民活動では、意図的でも、組織的でもない、インフォーマル・エデュケーション、インシデンシャル・エデュケーションなどをとおして、新しい考え方や価値観、そして知識を身につけていく。

学びの形態は目的に応じて柔軟に選択・構成されるべきであって、ノンフォーマル・エデュケーションなどだけが重要性をもつわけではない。最も重要な点をあげるとすれば、市民活動における学びの特徴は、学ぶことと活動することが切り離すことができないということに求められる。

民主主義を学ぶということを例として考えて見ると、まず、民主主義を支える制度を知る必要がある。しかし、制度を知るということだけでは、言葉の真の意味で民主主義を理解することにはならない。制度を実際に運用することが不可欠である。その民主主義の制度に関する知識を実際に行使することをとおして、私たちは民主主義を十全にわがものにした、といいうる。総合的学習やボランティア活動、欧米では、サービス・ラーニングやシティズンシップ・エデュケーションなどが教育政策の重要な課題となるのは、こうした学習観の転換と市民社会の構築という課題と関連をもっている。

学びとは、自然科学を含めて、本来このような性格をもつはずである。しかし、従来の理解では、基礎的・一般的知識をもてば、それを具体的状況のなかで応用することができると考えられてきた。だからこそ、専門家や研究者の知識が正統性をもち、絶大なパワーをもってきた。ところが、地域や社会的諸課題の解決ということを考えるとわかるように、市民が学び活動する諸課題をめぐっては、不正義を経験した人の「思い」、地域の権力構造の所在に精通した人の「知恵」、専門家の「知識」がそれぞれ固有の重要性をもつ。

これらの人びとが協働の関係をつくることによって、それらの諸要素がつなぎ合わされ、社会的諸条件に応じて加工され、実践をつうじて検証されながら、社会性をもつ知識として構成されることになる。市民活動という場で、私たちは活動をとおしてこうした実践知をつくりだし、だけれども、それを鵜呑みにすることなく、一人ひとりが「実践のなかで省察」しつつわがものとする。市民活動の場で行われる、このようなプロセス、これを私たちは「学び」と呼びたいと思う。

おわりに

ＮＰＯは、その活動をとおして構成員の力量を高めるとともに、市民に対して多様な学習機会を提供している。しかしながら、その重要性は量的なものばかりではない。それにも増して、学校とは違った意味をもつ学びの場をつくりあげていること、社会教育行政や学校とも連携した事業を展開するなかで制度化された教育機関の学びの質も変えうる力をもっている。同時に、それが社会的使命の実現をつうじて新しい社会をつくる力を支えている。

ただし、こうつけくわえておきたいと思う。活動と学びが切り離せないからこそ、社会を変える力があるからこそ、ＮＰＯをふくめた市民活動の質がするどく問われねばならない、と。

Ⅳ　NPOの学びの公共性

はじめに――民主主義のための社会教育実践へ向けて

かつて宮原誠一（宮原 1977）は「社会教育の発達を支える大きな二つの条件は、やはりデモクラシーとテクノロジーである」と指摘し、民主主義と社会教育との相互規定性の把握をとおして、価値志向的な社会教育の歴史的理解を示していた。憲法・教育基本法をうけた社会教育法の規定においても、社会教育の目的は「実際生活に即する文化的教養」「教育」をとおして民主的な社会を創造する実践と結びつくことが展望されていた。つまり、学ぶことと実践することは切り離せないものとしてとらえられていた。

しかし、その後の社会教育政策の展開では、共同学習運動や生産大学・農民大学運動などの実践と蓄積をつくりながらも、次第に実際的生活から乖離した学習内容と学習方法が主流を占めていく。とくに生涯学習政策では、価値選択の問題を峻拒した市場原理にもとづく学びの個別化政策としての性格をあらわにしている。他方、社会教育研究においても、フォーマルな学習モデルを志向した社会教育実践のモデル化や、特定の価値志向的な社会教育に対する懐疑が示されている。参画型学習が取り上げられる場合にも、実践の社会的文脈と学習とを切り離した学習方法論へと焦点を矮小化する傾向がみられる。

社会的使命を掲げて活動するＮＰＯと社会教育・生涯学習との関連を問うことは、新たな段階での「実際生活に即する文化的教養」とは何か、民主主義にねざした社会づくりのための教育、やや大げさに言えば、社会正義のための実践と学びの視点とは何か、これらのことを改めて吟味することと結びつく。このことは民主主義の実践における学びの意義を確認することでもある。民主主義社会は、異質な複数の他者と集団との寛容にもとづく協同行為の営み、差別や不平等などの社会的不正義に対する異議申し立て、社会の底辺におかれ忘れられた人びと、社会的に脆弱かつ不利な立場にある人びとや集団へのコミットメントを含んでいる。ＮＰＯの実践は、福祉国家における民主主義や公共性とは異なる、新しい公共性、新たな民主主義を実践する力をわがものとする学びの過程としてとらえられる。

以下、自由主義的改革のもとに展開される生涯学習政策が学びの市場化・個別化をすすめるなかで、新たな共同性が求められることを示すとともに、民主主義の視点から実践コミュニティの意味を確認する。最後に、フォーマルエデュケーションと対比したＮＰＯにおける学びの作法の意義と新しい学びをつくる可能性を理論的に検討したい。

一　リスク社会と能動的市民の形成

リスク社会と学びの個別化

これまで私たちは労働社会のなかで比較的安定した生活を享受してきた。安定したとは、経済的にも、精神的にも満ち足りた生活という意味ではもちろんない。標準化された生活のなかで将来をある程度見渡すことが可能であった。しかし、いまや状況は一変しつつある。不確実性と制御不可能性が強まりつつある。

ドイツの社会学者U・ベック（Beck 1986=1998）はこうした近代化の特徴を「再帰的近代化」によるリスク社会の到来としてとらえている。第一の近代化がつくりあげてきた労働社会と福祉国家施策のもとで私たちは「労働の権利」を求め、常勤の形態の完全雇用を目指してきたが、こうした目標が放棄され、その実態が解体しつつある。具体的には、労働の柔軟化のもとで、賃金形態の多様化、雇用の柔軟化、機能の柔軟化がすすめられている。ライフサイクルのなかで失業や転職を経験することが避けられないものとなり、派遣労働・契約労働・有期雇用・裁量労働など、かつて不安定労働者など貧困の問題としてとらえられてきた状況が男性を含めて普遍的な私たちの運命となりつつある。こうした事態をベックは、標準化され安定した生活から「脱標準化され、断片化された多元的半就業システム」への転換としてとらえるが、これこそ不確実性や制御不可能性をうみだす生活の個別化の基盤である。

こうして、家族や地域社会の紐帯の解体とあいまって、諸個人の生活は多様化し個別化する。そのことは個人がますます自分の人生の計画や組織化について自己責任を持たねばならないことを意味する。つまり、私たちの人生はますます省察的な過程をへて自らつくられるものとなる。したがって、ライフイベントが重要な意味を持つことになり、また、それ自体が学びのプロジェクトとなる。

かつての安定化し、標準化された生活を前提として構成された社会保障制度、教育制度の基礎が掘り崩され、新たなパラダイムにもとづく教育戦略をとることが不可欠となる。ここにグローバリゼーションへの政治的応答として生涯学習政策が重視される根拠がある。

「能動的市民の形成」の両義性

自由主義的改革というのは国家の役割を限定するという理解があるが、決してそうではない。むしろ、わたくしたちはそれを国家介入の転換として把握する必要がある。つまり、福祉国家的な保障が人びとの依存をつくりだしたという認識のもと、自己責任と能動性を基調とする意識啓発などを重視する介入への転換としてとらえられるべきであろう。この社会政策における国家と個人との関係をめぐる価値に働きかけるものを社会秩序政策という[1]。

つまり、国際的な生涯学習社会像でもある参画型社会は自由主義的改革の求める社会像でもあるということ、この社会を構成する市民には「自律性」と「能動性」が求められるということを指摘しておきたい。「個別化は、人びとがますます重要なライフイベントと直面すること、彼らが自分自身の学習プロジェクトの組織化により大きな責任をもつことを意味する。もっとも重要なことは、特定の事実や実践的スキルを学ぶことではなくて、責任を取る態度、不確実性に適応すること、失敗を恐れないというような基本的態度」(Raggatt 1996: 127) である。リスク社会における社会政策（教育政策を含む広義の意味）では、国家は彼らの運命に責任をもてないのであるから「自律性」と「能動性」が人びとに求められる。したがって、こうしたアクティブな市民を形成するためのシティズンシップ・エデュケーションやサービス・ラーニングをただ楽観的に評価することは許されない。自由主義的改革で強調される「能動的市民」像を批判的に検討しつつ、同時に、民主主義の実現という視点から、これを組みかえる可能性を模索することが必要となる。

ただちに察知されるように、このことはＮＰＯの両義性を問うことに直接関係する課題でもある。行政と協働しつつ社会的課題の解決に市民が積極的に参画することの重要性はいうまでもない。ＮＰＯがつくりだす市民的公共性、すなわち国家的公共性とは異なる質をもった社会的サービスを提供することの重要性は繰り返し指摘されてよい。しかし、歴史を振り返ると、福祉の領域では一九六〇年代の住民の行政決定過程への参加をめぐる課題から、多様で、柔軟な供給主体としての社会的サービスの担い手としての参加論へと収斂しつつあることを想起すべきであろう。ＮＰＯへの政治的注目と、「日の丸・君が代」の法制化、少年非行をめぐる厳罰主義化、社会奉仕活動の義務化などが、およそ同時期に注目を集めることは決して偶然ではない。

市民社会の復権と社会教育

リスク社会のなかで生活の脱標準化、個別化がすすんでいるが、いま求められているのは、単に、個々人がボランティア活動やコミュニティーサービスに参加することではない。それが、具体的な社会的課題解決に向けた共同性や連帯性にもとづく実践への参加であるのか、民主主義の実践であるのかどうかが問われる必要がある。

さらに、「再帰的近代化」は家族や地域社会の解体傾向だけではなく、労働社会の民主主義を支えて労働組合や政党の正統性の揺らぎという事態を含む。だからこそ国家と市場との中間領域に人びとが自発的に所属する新たな集団をつくりだすこと、こうした民主主義の危機という状況のなかで、政治経済システムの権力に対抗する声をあげること、批判的な社会的実践の担い手として市民社会の再興が求められているのである。地縁や血縁で結ばれた共同性とは異なり、多様な社会的課題をめぐり自主的で、自発的な活動によって、この諸課題を解決するだけではなく、この実践のなかで仲間や市民との対話をとおして信頼関係をつくり、また、新しい考え方や知識そして価値を学んでいく過程への参加が求められる。こうした自発的な意思と契機で結ばれた新たな実践コミュニティの一つとしてＮＰＯの可能性がある。

リスク社会において、こうした活動を学びの側面から支えることが社会教育に期待される。組織的な行動をとおして自己のアイデンティティや能力を発達させることの重要性を認識させること、多様な意見やアイデンティティを持つ人びとが相互にコミュニケーションをとりながら共通の目的や活動、ニーズ、価値などをつくりだすこと、社会教育は個人が生活する社会的条件と、個人の生活の計画化と組織化とを省察することを支える力となることが期待される。

二　実践コミュニティの学びと公共性

民主主義とＮＰＯの教育力

歴史的に見ると、成人教育と民主主義は手を携えつつ発展してきた。それは端的には、欧米諸国では、民主主義を求める労働運動の展開のなかで成人教育の組織化がすすめられ、権利として制度化がはかられてきたことに見て取れる。したがって、「成人教育は、歴史的に民主的な社会へ向けた道程の一部とみられる」(Merrifield 1997: 2)のである。

ところが、近年における生涯学習の潮流は、民主主義のための教育から、グローバルコンペティションのなかで、より高い資格を求め職業的成功に人びとを準備する教育へと重点が転換しつつある。経済的競争に打ち勝つための教育という意味への転換である。しかし他方では、こうしたなかでユネスコの成人教育会議の宣言やＥＵのシティズンシップ教育のように、新しい市民権を構想しつつ民主主義のための教育を政策的にも積極的に展開しつつあることに注目したい。民主主義を学ぶとは、どのようなことを意味するのか、ということが鋭く問われている。

この検討のためには、まず民主主義の意味を確認することが欠かせない。デモクラティアとは、文字通り「民衆」の「権力」である。要するに、民衆の自己支配ないし自己統治という意味である。その際に、投票により代表を選出し統治するシステムではなく、「共同的に考え、共同的に疑い、共同的に探求する」こと、声をあげること、討議すること、さらに付け加えれば、こうした諸階梯をたどりつつ「共同的に行為する」、ことこそが民主主義の真髄である（千葉 2000: 18）、ということが理解の出発点である。

ＮＰＯ教育力の公共性のもっとも重要なところは、実践コミュニティとして、こうした民主主義を学ぶ公共空間をつくりあげること、しかも、それを国家から独立に形成するところに意味がある。というのは、民主主義の存在の基礎として民主主義を担うエージェンシーの形成の問題があるが、その際に、大きな矛盾があるからである。すなわち、「私たちは市民社会で行為する市民を必要とするが、市民となるためにいかに学ぶのか、何を学ぶのかを決定するのは国家である」（千葉 2000: 128）からである。しかも、ＮＰＯは、こうした国家の関与から独立に学びの内容をつくりあげる担い手の一つである。しかも、ＮＰＯの教育力には、「その実践によって、人々がお互い同士から学ぶ機会を得るとともに、社会的な価値と優先順位を形作る」という民主主義の構成的重要性がある（セン 2002: 118-119）。

参加と責任

生涯学習社会像の前提となっているのは、公共的な活動に市民が能動的に参加するなかでつくられる社会像である。しかし、日本の参加論を見るとき、既述したように、とくに注意すべきことがある。

第一に、参加をめぐる政策を見るとき、一九六〇年代の住民の行政決定過程への参加をめぐる課題から、多様で、柔軟な供給主体としての行政サービスの担い手としての参加論へと変容を見せている。一方で政策の意思形成過程への参加がうたわれるが、ＮＰＯもこうした議論のなかでサービス提供主体としての役割が期待される傾向があることに注意する必要があろう。

第二に、参加が提唱されるなかで、国民の責任が強調されつつあることである。つまり、福祉国家の施策のなかで、国民としての権利が過度に重視される一方で、その責任が軽視されてきたのではないか、という主張が徐々に大きくなりつつある。こうした認識から、奉仕活動義務化など歪んだ形で国家主義と結びつける動きが政治的に大きくなっている。

この点で、アマルティア・センの参加論は国際的地平における議論を理解するうえで重要な視点を提供するものである。セン（セン 1999）は、以下の二つの意味で参加をとらえている。まず、第一に、参加の概念は自由と自発性を不可欠の性格とすることを確認する。つまり、「参加の概念は、人びとに特定の社会プログラムを押しつけたり、特定の社会関係への参加を強制したりする試みに対立する」ものである。むしろ、ここで責任を言うのは、自由の価値を十全に発揮しようと努めることを意味する。個人の理性的・自立的選択を尊重するためには、主体的存在として責任を負うべき存在として自らを形成しなければならない。

第二に、しかし、参加の概念には、より積極的な意味で責任との関連をもつ。つまり、「所与の制度やルールのもとで自己や選択や行為に責任を持つという〈個人的責任〉」だけではなく、所与の「制度やルールのあり方を社会的に決定していく責任であり、政治的参加の自由そして民主主義のもとで人びとが協同して担うべき〈われわれの責任〉」（セン 2000: 138）が付随している、という。民主主義の構成的意味を担う主体として行為することが、

「われわれの責務」として諸個人に求められる。

ここに見るように、政治的に主張される責任論との相違は極めて鮮明である。

同感とコミットメント

民主的な参画型社会は、これを支える制度や権利の存在を不可欠なものとする。しかし、同時に、そうした制度や権利を人びとが承認し支持することなくしては存立しえない。教育を問題とする際に大切なのは、「制度やルールのあり方を社会的に決定していくこと」、ときには、その社会そのものを変革するプロジェクトになぜ人びとが参加するのか、という問題をめぐる理解である。

現実に諸個人が実践コミュニティである社会運動、NPO活動に参加する契機は多様であり、ときに、経済合理性にもとづく打算から事業に参加することもあるだろう。だからこそ、それらを理念型として類型化することが必要なのであるが、しかし、より積極的な共通する契機が存在する。それが同感（sympathy）という感情である。例えば、阪神淡路の大震災の際の報道を見て、ボランティアとして駆けつける行為。タイの女性や子どもたちにまで広がるＨＩＶ患者の苦悩や、これを支援するＮＧＯ団体の活動をテレビで見て、支援活動に参加したり、資金・物資を送る国内組織を立ち上げる市民などを想起できるだろう。つまり、同感とは遠い地域に暮らす見も知らぬ他人ではあるが、彼らに関心をもち、この他者の苦境や苦難を自らのものとして感じながら援助の手をさしのべる、その動機を形成するものであり、実践コミュニティへ人びとをいざなう感情である。

学習を含めて人びとを行動に結びつけるものとは、第三者から与えられるものではなく、情動世界のなかで当事者がその状況に深くかかわるなかで生じる何らかの矛盾やジレンマであり、それが自己のアイデンティティにかかわるとき、積極的な活動の動機となる。

しかし、同感は人びとを行動に駆り立てる動機をつくるものであるが、それだけでは実践コミュニティへの参加を実現することはできない。同情はするが、すべての人が公共的活動に参加するものでないことは容易に理解できよう。同情の念をもちつつも、それは直接面識のない他者の苦悩であり、面識があったとしても自分の時間や労力をだすことはできない、という「計算」を人は働かせる。人間とは普通は自分の福利、経済的豊かさを最大化しようとする、合理的な経済人として理解される。だから、いかに「同感」しようとも、自らの福利を犠牲にしないために、その感情を押しとどめようとするだろうと、理論的に考える。

センは、こうした人間観を十分理解しつつも、人間が経済的合理性を超えて行為するものであることを重視する。人は、ときに具体的な福利を実現することよりも、それを犠牲にしてまで、ある行為を選択することを認めるのである。つまり、こうした意味内容をふまえた対象としての他者へのかかわり、これこそコミットメントである[2]。その際に、このコミットメントという行為を方向づける規範こそが、先の責任の感覚や不正義への異議申し立てであり、抵抗である。

不正義とエージェンシー

センは、このように他者の存在に関心を持ち、この他者との相互関係を自己の価値観に反映させて行為すること、つまり、社会的コミットメントできる個人として人間をとらえるのであるが、その際に、「社会的」とは二つの意味をもつことがわかる。第一に、行動は常に社会的である。つまり、実践コミュニティに参加する際に、制度やルールに従って人は行動するだけではなくて、政治的参加をとおして、その制度や社会のあり方そのものをつくりあげていく「われわれの」という意味での責務の社会性である。第二に、コミットすること、つまり、社会的責務をはたすことになるのだが、それは社会のあり方が「不正義」の状態であるということを認識するからにほかならない。つまり、他者の苦悩や苦境を個人の不運としてとらえるのではなくて、不満や苦悩として表明される――それが声として発せられようが、されまいが――声をとおしてだされた問題をともに分かちもつことにつながる。

このグローバリゼーションの時代に民主主義のための社会教育実践、社会的正義のための社会教育実践が必要であるという認識を私はもっている。しかし、そのことは、当為としての民主主義や社会的正義を描きつつ実践をおこなうことはない。なぜ、人びとが社会的実践をNPOという組織をとおして行うのか。それは、民主主義が蹂躙されている状況がある、女性や民族的マイノリティー、高齢者や障害者などが社会的に排除されている状況がある、こうした一つ一つの事実を確認しつつ、それを生みだしているものを認識し、抵抗し、包摂のための社会的実践を展開することが求められるからであり、これを実現することがNPOの社会的使命となる。

正義の諸観念を理論的に導出したり、正義の条件を一つ一つ箇条書きするのでもなくて、不正義を特定化するという方法である。何が不正義であるかを特定化する作業もまた、理論的・先験的になされるものではなく、あくまで民主主義の実践、すなわち直接の当事者を越えた多くの人々の理解や同感にもとづく開かれた討議や実践のなかですすめられていく。「公共的な討議や実践を通して、個々の事実の重みや意味を了解しながら、また相対立する判断や理由に耳を傾けながら、根深い不正義の特定化に関する理性的な合意を人びとの間で広く形成していく」(セン 2000: 176)、そうした方法である。後述するように、こうした民主主義の実践をとおして人びとは学びを深めていく。

このように、対話的実践をつうじて新たな価値を形成しつつ、公共的決定に参加するだけではなく、自由な社会的空間をつくりだすことによって、主体性を発揮する人、行為主体としての意思と能力をもつ人、これをセンはエージェンシーと呼ぶのである。

三　NPOにおける学びの作法

学ぶということの意味転換

NPOは、学びのコミュニティとしてどのような内実をもつのだろうか。そこでの学びの特徴とは何か。学校教育とNPOなど社会的活動における学びとを区別する基準はいくつもありうる。例えば、その有力な分類は学校教育がすぐれてフォーマル・エデュケーションとしてとらえられるのに対して、社会運動・活動ではノンフォーマルないしはインフォーマル、さらにはインシデンタルなものとして学びが行われるのではないか、という理解がある。しかし、学びの形態は目的に応じて多様に選択されるべきものであって、それだけが重要なものではないのではない。

では、何が教育システムのなかでの相異をつくるのであろうか。第一に、実践コミュニティのなかで人は学ぶわけであるから、学ぶことと活動することとは切り離すことができない。学ぶことは、生活全体をとおして行われるものである。ブロンは次のように指摘している。「民主主義の学びは、民主主義を行うことと同義である。それは市民の権利と義務の能動的な参加としてあらわれる。民主主義の学びは、さまざまな運動に参加するなかで可能となる」(Bron 2001: 130) のである。人びとは民主主義のために学ぶとともに、民主主義を遂行することを学ぶ機会をもつ。

第二に、こうした学びは、学びのコミュニティを構成するメンバーの相互作用のなかで行われる。この意味で、NPOの運営や活動そのものの民主主義的性格が厳しく問われる必要がある。つまり、NPOにおいて、人びとが同等の権利を持ち、行動し、批判的に考え、決定に参加することが不可欠である。開放性という新たな質をもった実践と学びのコミュニティのなかで、他のメンバーとの社会的な共同行為をとおして、具体的な状況に即した社会理解をすすめていく。

ここから第三の学びの意味転換が生まれる。学校教育という特異な空間で「純粋に頭のなかで記号を操作することで知識を学んでいく」[3]のに対して、記憶よりも問題解決能力が問われるということである。さらに、学習というのは伝統的には、経験や実践から生じる行動能力の変化とみられてきたが、いまや、重点は行動における変化というよりは理解における変化におかれるようになっている。学ぶということは、ただ狭い意味での心理的・認知的過程としてではなく、特定の社会的文脈のなかで具体的な課題解決と結びつけて経験知を学んでいくとともに、日常生活や社会的活動の実践のなかで「ものの見方」、思考方法、そして行動そのものを変容させていくこととしてとらえられる。つまり、「学ぶとは、パースペクティブ、思考、行為における質的変化である。それは認知的なもの、情動的なものに影響を与える。学ぶとは、深い意味で社会的なものである。つまり、私たちは個人的にも、集団的にも相互作用しつつ学ぶ。したがって、学ぶということは、生涯にわたる、ビオグラフィカルなものである」(Bron 2001: 129)。それを私たちは学ぶことと呼ぶ。

知識――実践知をつくる

グローバリゼーションのなかで、知識の社会的意味がこれまで以上に重要性をもちつつある。つまり、情報化がすすむとともに国際的な経済的競争のなかで先端的技術の開発が決定的な要素となっている。知識社会への移行といわれる状況がある。

こうした知識社会への移行が成人教育に対してどのようなインパクトをもっているだろうか。第一に、急激な速度で、かつ不断の過程として知識の高度化がすすむなかで、成人は生涯にわたって学ぶことが社会的に求められることになろう。しかし第二に、この同じ過程が知識に対するアクセスの不平等を顕在化させ、人びとを新たに社会的に排除する契機となっている。こうして知識社会への移行のなかで、人的資本への投資としての教育という位置づけが強調され、その結果、学びの個別化をいっそうすすめることになる。また、新たな社会的排除をつくりだす傾向を示しているのであるが、だからといって昔へ戻るようなことを求めることはできない。人的資本としての投資が経済的発展に結びつくことは、それで重要性をもつ。

しかし、より重要な教育と知識をめぐる問題は、教育機会へのアクセスという問題だけでなく、どのような知識を正統な知識とするのかということにみることができる。つまり、実践コミュニティとしてのＮＰＯの学びと知識との関連である。ＮＰＯの実践では、知識を得るということは、単に既存の確認された知識を覚えるという認知的過程としてだけとらえられない。問題なのは、社会性をもつ知識といってよかろう。参画型社会をつくるうえでＮＰＯの学びは、行為の過程と切り離すことはできないのだが、そのことから知識との関連で、いくつかの新しい側面が確認される。例えば、何らかの行為をするときには、諸権利をめぐる制度を知らなければならない。しかし、制度を知ることは、言葉の真の意味で理解したことにはならない。制度を実際に運用することをとおして、初めて十全に理解したことになるのではないか。つまり、社会的文脈のなかで、その知識を実際の使うことをとおして、人は知識をわがものとする。

第二の転換は、知識の社会性ということである。知るということは、個人が理解する知識ということばかりでなく、二重の意味で関係的知識といってよい特徴をもつことになる。このことは、だれの知識が正統性をもつのかという問題と結びつく。従来の理解では、正統性をもつ知識とは専門家や学者の持つ知識であり、これが絶大に大きなパワーをもっていた。ところが、NPOが学び活動する諸課題においては、不正を経験した人の知識、地域の権力構造の所在に精通した人の知識、それを支える専門家の知識の力が、それぞれ固有の意味を持つ[4]。それらの知識を、つなぎ合わせ、社会的諸条件にあわせて加工し、実際に活動のなかで検証しつつ、知識のもつ社会性が構成されることになろう。したがって、こうした知識を、私たちは、社会知ないし実践知と呼ぶことにしよう。NPOは、こうした学びのなかで新しい実践知をつくりだす力をもつ。

ボイス――対話をとおしてエンパワーする

市民活動における学びとして重要であり、そして民主主義の実践そのものとしても重要な方法は「対話」である。NPOにおける学びは、実践コミュニティ――グループの規範、価値、言語、意味、目的という――の文脈においてなされるが、対等で平等なメンバー同士の対話をとおして各人の経験を問い直し、関係させ、分かち合い、相互に耳を傾けることが重要な意味をもつ。こうした作法をとおして、熟練の達成や知識の獲得という次元における学びを越えて、ラディカル成人教育者が「意識化」とか、「パースペクティブの変容」と呼ぶものと結びつくことになる（Merrifield 1997: 16）。

対話の前提として重要なのは、ボイス（voice「声をだすこと」）である[5]。ヘイズ（Hayes 2000: 108）によれば、成人の学びとの関連で、次のようなボイスの三つの意味を区別することができる。

①　対話としてのボイス（voice as talk）であり、学習におけるジェンダーに特殊な話し方やコミュニケーション方法（女性は関係的仕方を特徴とするなど）の重要性を示している。

②　アイデンティティとしてのボイス（voice as identity）であり、学習の重要な次元としてのアイデンティティの発達や表出を強調する。

③　パワーとしてのボイス（voice as power）で、学習が不平等な権力関係によって影響を受けるものであり、学習の目的の一つが、自己の関心、ニーズ、経験を表現することをとおして個人的・集団的なパワーを獲得することであるという見方を示している。

このうちＮＰＯにおける学びとの関連でとくに重要なのは、パワーとしてのボイスをめぐる問題であろう。それは他の二つのボイスと相互に関連するものではあるが、市民的公共性をつくる中心的力であり、かつ、学びにおける権力と権威をめぐる問題に注意を向けさせるものだからである。

何気ない日常の会話において、会話の当事者が権力において対等であるかぎり、声をだすかどうかは、それほどクリティカルな問題ではない。しかし、権力において不均衡があるとすれば、この「声をだす」という行為自体が大きな意味をもつ。つまり、社会的に排除されつづけた人たちは、話をする権利を奪われ沈黙を強いられつづけてきた。この沈黙は抵抗の意味が込められている場合もあるが、通常は、「諦念」「内面化された抑圧」「自信の欠如」「知識の欠如」にたいして自らの「安全を確保する」戦術としての意味をもつ。したがって、声をだすことは、ましてや不正に対して声をだすことは、支配的なものに対する抵抗・抗議として並々ならぬ意味が込められている。また、声をだすこと自体が一つのパワーの獲得としてとらえられるのである。

この声に対しては、「聴く」という行為が対応する。この声に耳を傾けること、「聴くということは、不正義感覚を表出したものが不運として自らのうちにかかえていた問題を分かちもつことにつながる。〈あいだ〉の別様の可能性に向けた呼びかけに応える仕事」（大川 1999: 55）として重要性をもつ。

これは個人的ボイスの問題であり、一つの組織におけるメンバー間に水平的関係を築くことに結びつくが、もう一つの側面として、集合的ボイスがある。これは端的に、成人の学習が個人的なプロセスとしてばかりでなく、集合的な活動であることを示している。つまり、社会的実践をとおしてでてくる課題について、対話・審議するなかで、異なる価値や考え方にふれながらも、新しい実践知をつくり表現する手段を創造すること、これが集合的ボイスである。ＮＰＯを考えれば、例えば、政策提言活動（advocacy）を想起すればわかりやすいだろう。実践と共同の討議・審議をとおして実践知を政策提言としてつくりあげること、それは市民としての権利を行使することであり、彼らの集合的声を表明することであり、そのことをとおして社会をつくりあげる事業に積極的に参画することに結びつく。

省察――アイデンティティをつくる

既述のように、ドイツの社会学者Ｕ・ベックは、現代のグローバリゼーションの進行を近代化の質的転換と関連させつつとらえている。つまり、再帰的近代化にみる社会の質的転換である。こうした社会の質的転換は、そこに生活する諸個人にも新たな課題を投げかける。つまり、諸個人は自らの経験を省察しつつ自らの価値観やパースペクティブを再構造化し、つねに自らのアイデンティティを再構成する。したがって、省察（reflection）が重要な学びの作法となる[6]。

D・ショーンの反省的実践家は、NPOにおけるメンバーの学びを考える上で非常に示唆に富む内容をもつ。この反省的実践家の学びを支える鍵は「行為のなかの知」、「行為のなかの省察」そして「状況との対話」である（秋田 2001: 215）。

ショーンは、「実践についての省察」（reflection on practice）と「実践のなかにおける省察」（reflection in practice）とを区別しつつ、専門家の力量形成における「状況との（内的―引用者）対話」をとおして探求される「実践における省察」の意義を高く評価する。確かに、ショーンも知識や学びの社会性を確認するのであるが、それは、瞬時のクライアントとの相互作用をとおして実践に必要なバリエーションや枠組みを発展させるものとして理解されている。しかし、私見では、実践についての省察こそがNPOにおけるメンバーの力量形成の作法として大きな意味を持つ。大切なことは、NPOにおける実践はそもそも集団的なものであるから、自らの実践について行為の後に立ちどまって「ふりかえる」（省察する）こと、外的対話をとおして、別言すれば、集団的に反省するなかで、①実践コミュニティの使命を相互に確認し、②多様な見方や価値観――ときに対立する――に触れながら自らのポジションを確認し、③同時に、社会的技能をわがものとするのではないか。さらに④不正義に苦しむ人びとへの同感をとおして社会的実践の動機が形成されるとともに、社会的実践をとおして活動と学習への動機がさらに深化する。こうして社会的実践と学びとのサイクルがつくりあげられる。

実践コミュニティでは、諸個人は経験をとおして異なる意見や価値を声として表明する。これらの声に耳を傾け省察するなかで人びとは自らのものの見方、考え方の前提を問い直し、これを絶えず再構成している。こうして確認されるＮＰＯの社会的使命へのコミットメントが、個人の価値形成過程に深い影響を与えることになる。その際に重要なことは、「生活全体をとおして学ぶ」(learning throughout life) ということである。現実の実践に参加する人びとは複数のコミュニティに同時に参加するし (場合によっては対立し、矛盾する価値をもつ)、それぞれの距離を「結びつけたり」「切り離したり」しつつ保つこととなる。その意味で、この実践コミュニティとしてのＮＰＯは社会に対して開かれており、その性格は絶えず変化するものとして理解される必要がある。

おわりに

先に、自由の価値を十全に発揮するために行政国家がいかに介入すべきか、ということに少しばかり触れた。これは成人に対する学習機会の権利をいかに保障するのかということと密接に関係することであるが、そのために「個人が責任をもつことのできる帰結に関しては社会が介入しないことが望ましい」、とセンは指摘する。こうした考え方が補完原理というものであるが、しかし、そのことは国家や社会による介入が必要ないということを意味しないということを、同時に彼は強調している。では、国家はどのような役割を果たすべきなのか。

私たちは学びのコミュニティとしてのＮＰＯにおける学びの課題と方法では、それが生涯にわたるアイデンティティの再構成が行われる学びの場として位置づけられることを確認してきた。この内容は、とくにセンが重視するアプローチと重なり合うものを持っている。国家による「個人の選択の機会を実際に保障するためのプログラムとは、個人のライフヒストリーの各時点において、自立的活動の能力や意欲の形成を阻むような個別的諸条件に対応するものとして構想されなければならない」(鈴木 1999: 288) という。

ＮＰＯでは、行政は学びを促進する過程やインフラを整備することは可能であるにしても、社会教育・成人教育における専門職員が学習をデザインすることはできない。しかし、学習をサポートする実践コミュニティをつくりだすことが課題となろう。理解を深めるために、経験を省察し、分析し、再表現する機会をもつことを支援する、そうした教育力をもつのがＮＰＯである（Merrifield 1997: 44）。

では、諸個人の自立的活動の能力や意欲をはぐくむものとは何か。これまでの論述からいえば、例えば、自分自身の現在を反省的に捉える視野、自己のライフヒストリーを客観的に分析できる能力、人生の目標を着実に追求していく意思が含まれる。また、社会的意思決定に実質的に参加するための機能、すなわち公共的意見を形成し、伝達し、理解する能力、討議を行う能力なども含まれるのである。こうした諸過程は、生涯をとおして促進され、これを支える学習は権利として保障される必要があろう。

実践コミュニティであるＮＰＯにおける学びの検討をとおして、私たちは、ユネスコの学習権宣言の重要な意味をあらためて確認することができよう。

註

1　国家の正当性を保障する介入戦略として、八〇年代以降、公共的財やサービスの直接的提供による「保障的措置」から、人びとの態度や行動様式へ働きかける「制御・社会化的措置」への転換がみられる。この点は、高橋（高橋 1998）を参照。

2　「コミットメントは〈不正義〉の感覚あるいは〈責務〉の感覚に裏付けられている。それは自己利益に焦点をあわせた帰結主義的観点を超えて、行為の規範そのものに着目する」（セン 2000: 175）。

3　石黒（石黒 1998: 103-156）は、学校教育現場やその理論的支柱である心理学の学習観に見られる個人に中心化する考え方を固体能力主義として、その学びの特徴を無媒介性、脱文脈性、没交渉性として把握している。

4　この点については、高橋（高橋 2003）における地域づくりの実践ですでに指摘している。

5　こうした自己表明の重要性は、多文化主義、フェミニズム、差異の政治などにみられる自己や集団による自己主張およびアイデンティティ承認と結びつく。

6　省察によるアイデンティティの再構成を問うとき、成人教育の領域では省察をとおした意識変容の研究がすでに蓄積されている。しかし、その研究の問題として次のような三つの点が問題として指摘できる。第一に、学習方法論として社会的文脈を捨象して技術論に陥っていること、第二に、個人の意識変容と社会変革との結合についての「淡い期待」だけを市民に示しつつ、不平等や不正義を孕む社会制度は挑戦をうけることなく、人びとを再統合する。第三に、教育者（ファシリテーターというが）意識変容を支援するという課題意識そのものが、そもそも個人の意識に介入するということの問題である。実践コミュニティとしてのＮＰＯへの注目は、個人の意識変容と社会変革の結合をめぐるアポリアを解く契機を含む。

V　学習の状況論的アプローチ

はじめに

一九七〇年代以降の社会教育・生涯学習研究を鳥瞰すると、まず国の政策に対抗して国民運動との結びつきを志向しつつ社会教育の自由と権利の根拠を法理論的に明らかにしようと研究がすすめられた。もちろん、共同学習研究、学習機会の構造化など学習論としての研究も深められたが、この時期には、法学的、法社会学的な理論的研究、実証研究が中心であった。とくに、小川利夫の研究は、社会教育はいうに及ばず学校教育、福祉教育、青年期教育、比較研究などの諸領域にまで広がり、そして深い。彼の理論は、社会教育政策、法制度を法理の面からだけではなく住民運動との力動的関係としてとらえる社会学的視角をもって学界をリードした。しかし、権利としての社会教育の条件整備を求める彼の理論は、ある意味では、すぐれて福祉国家体制下の理論であり、そこに限界もある。

一方、こうしたなかで近年、米国の成人教育理論の研究に触発されながら、成人の学習論をミクロに論じる研究が紹介されている。とくに、E・リンデマン、M・ノールズ、J・メジローなどの著作が次々に翻訳・紹介され、その諸概念の詳細な検討や実践への適用も試みられている[1]。この研究の動向は、ある意味では、他の社会諸科学において論理実証主義への批判をとおして相互作用主義、構築主義的アプローチが一つの潮流をつくる動きと期を一にしたものとも理解できる。しかし、日本の社会教育、成人教育研究では、こうした方法的な課題意識が比較的希薄なままその理論が紹介されている。つまり、社会教育をめぐる法制度や構造研究をイデオロギー的なものとして峻拒しながらも（三輪 1995）、自らの方法論的・認識論的な立場を必ずしも自覚的に省察しているわけではない。

とくに、本章でもとりあげるJ・メジローの変容理論は、わたくしの理解では心理学的な学問的系譜に位置づけられる学習論である。ここで心理学的アプローチを否定するわけではない。そうではなくて、本章で検討するように、その心理学が個体主義的なものであることが問われる必要がある。私たちは、個体主義的な学習論を越えて、より社会的、文化的な実践のなかにある人びとの学習論を構築していかなければならない。それは学習をどのように理解し、学習の過程をどのように把握するのかという立場が、社会教育における実践のあり方を拘束することになるからである。

学習論とは、学ぶとは何かという本質論と、いかに学ぶのかという過程論を明らかにすることである。本章は、このうちの過程論に焦点をあてる。なぜなら、成人の学習にとって学びのプロセスと学びの空間をいかにデザインするのか、ということがもっとも重要な側面だからである。まず、成人教育学の有力な学習論である自己主導的学習論、変容理論をとりあげる。とくに変容理論は準拠枠の批判的省察による問い直しをとおして学習者自身と社会を変革する理論として論じられているゆえに、その批判的検討は不可欠の課題である。次にとりあげる状況的学習論は、正統的周辺参加という概念を使いながら実践コミュニティへの人びとの参加のあり方を学習として解明しようとする理論である。彼らの理論の〈新しさ〉とは何か。学習論を展開するうえでの重要性はどこにあるのか。この理論の意義と限界を明らかにしたい。

一　自己主導的学習論と関係性

自己主導的学習の主張

学びにおける関係性を論じる際に忘れてならないのは自己主導的学習論（self-directed learning）であろう。「自己主導学習は、ここ三〇年間、成人教育研究を推進する一つの主要な概念として存在」（メリアム、カファレラ 2005: 340）しつづけてきた。その概念・理論の検討だけではなく、実践のガイド[2]やこの「主導性」を計測するスケールの開発などをとおして豊かな実証的知見がえられてきた。

この自己主導学習をとりあげるとき、タフ（Tough 1971）の研究を欠かすわけにはいかないだろう。なぜなら、最初に提唱した彼の研究の課題意識や主張の前提となる学習者像を、その後の理論も暗黙に引きずっているからである。この研究では、学習者の学習動機を明らかにすることを目的に二〇〇名へのアンケート調査、六六名のインタビュー調査が行われている。この結果、回答者はかなり活発に学習活動に参加しており、そのうち、およそ七〇％が自らの計画にもとづき学習を行っていることを発見した。この自己計画性は成人の学習を特徴づけるものであり、また、それが望ましいものと理解された。しかしながら確認すべきは、ここでタフのいう計画とは、自分の学習場所、時間、料金等を決定するというものである。

一方、M・ノールズは、その主著『成人教育の現代的実践』において、子どもを主な対象とするペダゴジー(Padagogy) とは区別された成人の教育学 (Andragogy) の確立を主張した。その前提は、子どもと成人との発達的な相異である。成人になるということは、依存性から自律性へ、受動性から能動性へ、主観性から客観性へ、狭い関心から広い関心へ、利己性から利他性へ、模倣性から独創性へと発達を遂げることである。なかでも成人の特質は自律性と自己決定性が中核にある。彼の主張は、当時の心理学的発達理論でも前提とされていた成人への移行の考え方に支えられていた[3]。ここから、成人教育実践の指導原理として自己主導的学習の支援を提起するわけである。このノールズによる成人教育学確立の提起を受け、さらにタフたちの研究とも響きあって自己主導学習に関係する研究は飛躍的に増幅する。

自己主導的学習はアメリカの成人教育のもっともポピュラーなテーマであり、明示的・暗示的に、成人教育実践の前提であるといってよいだろう。メリアム、カファレラ (メリアム、カファレラ 2005) たちは、自己主導的学習の研究を、①学習の目標に関するもの、②学習の過程に関するもの、③学習者の特性と関連させるもの、の三つに分類し検討している。これらのうち性格特性に求める議論は方法的に誤りであり、私たちの関心からいえば、目標と過程に関する側面が重要である。

まず第一に、その個体主義的な過程把握の方法に対して批判が向けられる。そもそもタフの実証的研究を見てもわかるように、そこで念頭におかれているのは学習市場における自由な学習者である。自己主導的学習とは、おもに学習の自己計画の側面からとらえられている。そこでは、学習者が学ぶとは、あくまで一人で学習機会を自由に選択し、参加し、学ぶこととして想定されている。もちろん、論者によって「自己主導性」についての理解が異なり、主張も多彩である[4]。しかし、やや強い言い方をすれば、何を学ぶのか、どこで学ぶのか、料金は安い方を、と自ら決定することに、どれほど意味があるのだろうか。

第二に、多彩な研究にもかかわらず、それらに共通するのは、学習者は自由で、自律的であり、それが望ましいとするある種の暗黙の哲学である。自己主導的学習が強調する自由と自律性はすぐれてアメリカ的なイデオロギーであり、これは学校教育、大学教育、成人教育をとおして追及されるべき価値として理解されている。この概念が、なぜもこう急速に、アメリカを中心に普及したのか。知識社会学的にみれば、それはアメリカの時代精神、そのイデオロギーを映しだす言説だからである。ブルックフィールド（Brookfield 1985）は、このように批判しつつ、この論が成人教育の理念を発展させるものであるかどうかに疑問を呈している。彼は、この理論に暗黙に含まれるアメリカン・イデオロギーには北米の白人男性の権力が反映されており、それは学習における彼らのへゲモニーを強化する機能をもつと批判する。つまり、自己主導学習論は、相互作用における権力関係をみる視座に欠ける理論的主張である。

第三に、自立と依存をめぐる教育的意味である。自己主導的学習が、教育の中心に学習者をおくことを主張したことは評価されすぎることはない。それは教師主導教育（teacher-directed learning）の対極に位置し、教育者・学習者の権力的関係への批判的認識へとつながる。しかし、自己決定を強調し、それを成人教育の目標とする議論の根底には、「依存」することへの否定的感情がある。成長するということは、自立することであり、自らが一人で生き方をコントロールするという願望が表れている。

しかし、発達における「依存」の積極的契機、「弱さ」を認め合うことの積極的可能性をみる必要がある[5]。例えば、J・デューイは、次のように指摘する。

そこで、われわれは、未成熟は成長の可能性を意味するというとき、後になって生ずる力が欠如していることを指示しているのではなく、現在積極的に存在している勢力――発達する能力――を表現しているのである。……未成熟は積極的な勢力ないし能力――成長する力――を指示する（Dewey, [1916]=2004: 40, デューイ 2004: 76）。

これに対して、自立の危うさをも指摘する。

社会的観点から見れば、依存性は弱さよりむしろ力を意味するのであり、それは相互依存を伴うのである。個人の独立性の増大が個人の社会的能力の減少をもたらすことになる危険がつねにある。個人がより自立的になるにつれて、その個人はより自己満足的になる、つまり、冷淡さや無関心にいたることがあるのである。そのために、人は、しばしば、自分と他人の関係について非常に無感覚になって、自分ひとりで生活し行動することが実際にできるかのように思う幻想を発達させるようになる――それは世界を悩ましている治療可能な病苦の大部分の原因をなしている名もない一種の狂気なのである。（Dewey, [1916] 2004: 42, デューイ 2004: 78-79）

デューイが強調するのは、経験と人びとの相互作用が教育においてもっとも重要な要素の一つである、という点である。依存とは、この人びとの関係をつくる可能性をもつ契機である。発達・成長のためには人びととの関係性が不可欠な要素となり、しかも、相互依存的な学びのプロセスが条件となることを示唆している。彼の見方からすれば、学ぶことを個人的なプロセスとしてとらえ、完全に自由な選択と決定が可能であるかのように強調しているところに自己主導的学習の問題がある。

第四に、こうした批判を踏まえ、人びとが自己主導性を発揮する際に、その学習の状況依存性を認める研究がある。彼らは、学習者が生活世界から孤立して意味を構成しえないこと、学習が教育者との相互作用、社会的な文脈のなかにあることを認める。つまり、学習計画をめぐる両者の合意形成の過程として自己主導学習を論じる。自己主導的学習とは、学習の計画や評価に学習者が責任を分かち持つ共同関係を築くことであり、学習者がこうした能力を高めることに対する教育者の熟練と責任が強調される（Garrison 1997: 2）。しかし問題は、このように状況的アプローチへの志向をもちながらも、そこで議論される関係性は教育者と学習者との二人の関係をでることはない。結果として、学習者を一つの消費者として見ながら、そのエンパワーメントをはかることに議論がとどまる。

以上検討してきたように、自己主導的学習といえども、学習を社会的文脈において論じる必要があることを認める。しかし、大方の議論は教室における教育者と学習者の理想の関係の在り方とその実践という次元にとどまる。それは一見、権力関係を変えることを主張するかのように見えながら、教育者が過程をコントロールし、構成主義の立場であるかに見えながら個体主義的な学習過程の把握だということができよう[6]。そして、行動との関連で学びをみる課題意識に欠けることはいうまでもない。協同の実践の過程に学習をおきつつ、固有の役割として教育者の位置を考えばならない。ここまできて、わたくしたちは自己主導的学習論から離れて検討をすすめるべき地点にきた。

二　変容理論と関係性

メジローの変容理論

アメリカの成人教育研究者、J・メジローは、人間の主体性を強調し、かつ、自らの存在のあり方を主体的に決定し、それをとおして社会変革（social change）に参加することを支える成人教育論、変容理論を主張する。変容理論は自己主導的学習論の系譜に位置づけられるが、北米の成人教育研究においてもっとも論争的な話題を提供しつづけてきた理論といって間違いない。まずは、この理論を紹介することからはじめよう。

メジローの理論は、コミュニティ・カレッジに再入学する女性を対象とする事例研究からはじまる。この検討を踏まえつつ理論を彫琢していった。彼は成人の学習の本質を準拠枠[7]の批判的省察として説明する。ここでいう準拠枠とは、私たちが自己と社会をとらえる際の認知枠組みであり、過去の経験にくわえて新たな経験を蓄積し、統合するものである。したがって、学ぶとは、単に知識を覚えることではなくて、この準拠枠を批判的に省察し、再構築する過程としてとらえるべきである、という。

この準拠枠は、生涯にわたる発達の過程のなかで次第に変容する。まず、子どもの時期には社会化の過程をとおして準拠枠を形成するが、ひとたび形成された後にもそれは不変ではなくて、成長の過程で変容が迫られることがある。こうした変容の契機となるのが、ライフコースのなかで人びとが直面する「混乱的ジレンマ」である。具体的には、配偶者の死、離婚、失業、退職などであるが、それを危機という意味は、既存の準拠枠が認識の基礎として機能しなくなり、この危機を脱却するためには新しい準拠枠を再構築することが迫られるからにほかならない。彼は、新しい、かつ信頼性の高い準拠枠を再構成し統合すること、つまり、その変容過程こそが学習過程だという。

この準拠枠の変容は、以下のような諸段階から構成される。①混乱的ジレンマ、②自己検証、③性役割の前提に対する批判的評価と、自明視してきた社会的役割からの疎外感、④自己の不満を公的なイシューと結びつけること、⑤新たな生き方のための選択肢の探求、⑥新たな役割に対する能力と自信の確立、⑦行動の計画、⑧計画を実行するための知識や技術の獲得、⑨新たな役割を試行するための暫定的な努力、⑩新たな準拠枠にもとづく社会統合である。

このような意味での準拠枠の変容と再構成は、諸個人が埋没しているかのような関係をむすぶ有機的関係では起こらない。自立した個人によって構成される契約的連帯のもとで、人びとは主体的に価値を選択するのであり、こうして相互に同意された条件のもとに価値の共有がなされることが重要であるという。これを学習環境としてみれば、相互に対等・平等な諸個人が構成する関係のもとにあるとき、準拠枠の摂取と変容の学習が促進されるという。メジローはハバーマスのコミュニケーション論を継承して、こうした学習環境を理想的発話状況（die ideal Sprechsituation）としてとらえている。つまり、抑圧や拘束から自由な空間における対話をとおして自己省察的な学習がはじめて実現する。

メジローの学習論と権力

一九七八年の最初の研究とその後の理論の彫琢をとおして、メジローの変容理論は北米の成人教育理論の議論の中心でありつづけている。メジローの理論は、準拠枠、理性的な討議、批判的省察、意味の再構成などが主要なタームとなっている。高橋（高橋 2004）は、社会的実践と学習との関連という視点から見たときの限界についてすでに批判しているが、検討すべきは、そのデシプリンの性格、合理性と権力、社会的行動、そして文脈性などをめぐる論点である[8]。これらは相互に関連して、メジローの変容理論の再検討を迫っている。

第一に、その個体主義的な心理学的アプローチの学的限界である。変容理論では、学ぶということを頭のなかへの知識の集積としてとらえるかわりに、頭のなかに存在すると想定される準拠枠の変容に求める。さらに、その順序性については保留するものの心理・精神的発達にかえて、意識変容の移行段階を、準拠枠の批判的省察にはじまり、その再確立と再統合へという道程を、あたかもすべての人がそこを移行するかのように描く。彼がこの道程を詳細に描けば描くほど、かつての発達段階論がそうであったように、その理論の人種的、階層的、性的なバイアスが露わになる。

第二の批判は、学習を合理的な過程として理解することに向けられる。多くの批判を惹起したという意味で、あの悪名高いハバーマスの枠組みに依拠した理論であるだけにそれは当然のことであろう。それは人がつくる社会空間ではありえない架空の前提である。そもそもハバーマスが理想的発話状況という理念型を使うのは、制度の正統性を根拠づける合意が真であることの前提としてであって、学習において合意が常に求められるということとは次元を異にする議論である。教育においては、ときには意見の対立や葛藤が認知的な葛藤を惹起して学びを深めることとなる。むしろ、合意形成の圧力には自由闊達な意見の交換、議論の展開を阻害するおそれが内在することをみる必要がある。

第三に、より重要なのは、対象者を、したがって学習をその認知的側面においてのみ把握し、「全体としての人間」をみないその視野の限界である。例えば、テイラー（Taylor 1997）は、変容理論による実証的研究の包括的な文献の検討をとおして、変容のプロセスにおける愛情や信念などの感情の役割の重要性を指摘している。そもそも、感情や情緒と切り離して意味の再構成を語りうるのだろうか。「理解することとは、実は、価値を知る、味わう、意義づけるといったことが含まれている」(上野 1987: 299) のである。メジローも、これを否定するわけではない。しかしながら、合理性のなかで認知が変容することが学習の中心にあるという彼の主張をかえるものではない。

第四に、意識変容と行動との切断である。正しくは、切断ではなく、意識変容の後に行動がともなうものとして彼は理解する。カファレラらが引用しているように、彼の見方では「社会の変容を成功させる前に、わたくしたちは一人ひとりのパースペクティブの変容をはじめなくてはならない」(Mezirow 1990) のである。個人の変容が、共同の意識を生み、それが社会変化に結びつくものとして理解される。したがって変容理論の教育の目標は、あくまで行動ではなくて意識変容におかれる。そもそも行動は認知だけではなく、同感、怒り、愛などの情動ににより生じるものである。だからこそ、社会変革といいながらも何も変わらない、ということを彼は見ない。しかし、「認知過程の変化とは、単に頭の中のできごとというよりは、まさに環境との交渉のあり方にこそ存在する」(上野 2001: 101) のではないか。このような意味で学習は、文化的な実践と切り離すことができないのである。

第五に、先の二つの点から明らかなことは、メジローの理論には、学習を社会的文脈においてとらえようとする関心が薄いということである。したがって、学習の過程における権力という問題の所在を知りつつも、彼自身はそれ以上の検討をすすめようとはしない。成人の学習が状況依存的であることを認めながらも、知識をつくることと、それが理解される文脈との関連をとらえることに失敗している。

ここまできて変容理論は、セラピーや認知行動心理療法の相似体のごとくであることに気づく。セラピーの前提は、①積極的会話が意味を生み出し、それが自己を作り変える力となること、②セラピストとクライアントとの関係が大切である。その関係性、この「コミュニティのなかで生まれた知こそ、人を活かし、支え、また人に変化を起こさせるものである」こと、③「クライアントの認知の歪みという、事実からの逸脱を想定」するか、事実のとらえ方は、自らの体験を解釈する一つの可能な選択肢にすぎないことをクライアントが認識することを援助すること」(やまだ 2008: 230-231）に向けられる。それは、現代的な〈魂の救済〉あるいは〈癒し〉の手法であるかのようである。

もちろん、ここで言いたいことはセラピーが必要ないということではない。成人教育との決定的な違いは何か。それはセラピーではクライアントが両者の関係を相互に了承していることである。変容学習論でいわれる教育者の実践のむつかしさとは、介入の技法ということではなく、倫理的な省察が必要な行為であるというところにある、と指摘しておきたい。研究者が意識変容の過程を明らかにする研究は大いにすすめられるべきである。しかし、教育者であろうと、学習支援者という言葉を使おうと、意識変容の実践を意図的に行うことは許されるべきことではない。

やや批判が過ぎたかもしれない。確かに、彼は変容における関係性に無頓着なわけではない。学習の場における権力の問題にも言及しないわけではない。しかし、基本的な枠組みは理想の世界で描かれる。こうしたメジローの変容学習理論に内在する問題は、成人教育の潮流としては、リベラル成人教育の特徴づけに共通するものであり、そして、同様の限界であるといわねばならない。そして、彼らは社会的実践に参加すること、社会変革に参加することは、準拠枠の変容ののちにつづくものと想定する。断絶しながら、かつ継起する過程として学習と実践との関係をとらえる。彼らが批判する学校教育でも、一般的な知識を覚え、蓄積した後に、他の状況のなかでそれを発揮しうるものと想定する。すなわち「学習の転移」という考え方と本質的な違いはない。これらの諸点からみて、この学習理論は社会的活動や活動システムのあり方をとらえる学習理論にまでとどく射程をもちえていない、といえよう。

学習を社会的文脈におくということは、学習する空間でのパワーだけではなくて、学習者が労働し、生活する空間である社会（友人、家族、地域、企業、政治など）において学習者がどのような位置を占めるのか、そこにおけるパワーの関係を考慮にいれた学習論が求められる。それは、わたくしたちの研究の焦点を孤立した個人、教育者との関係にだけおかれた学習者から、全体としての個人に、一つの活動システムに分析の単位を拡大する必要性を確認しうる。実践コミュニティという概念をもって学習をとらえる状況学習論を次に検討しよう。

三　状況的学習論——実践と空間の学習論

学ぶとは何か——社会的実践への参加としての学習

状況的学習論（situated learning）は、五つの事例研究を中心にしてレイヴとウェンガー（レイブ、ウェンガー 2003）によりはじめて提唱された。しかし、相互作用として学習をみる見方が新しいものではない。彼らの理論の新しさとは何か。実践的行動の学習論を構築する上での理論の意義はどこにあるのか。

状況的学習論は、学びというものをとらえる視角の根本的な転換を求める。従来の学習論では、学ぶとは、人の成長・発達の歩みにそって、科学的で抽象的な知識の断片を覚えることであり、そのことが意味を持つのは、その知識の蓄積がさまざまな領域の生活・活動に転移可能である、ということが暗黙に前提されているからである。その理解が学校教育を特別な存在として存立するものとして認識させてきた基盤でもあった。

これに対し状況的学習論は、知識や技術そのものが状況依存的であることを主張する。そして、学ぶということを科学的知識・技術を覚える、頭に記憶として貯蔵していくものとしてではなく、実践コミュニティへの参加としてとらえる[9]。例えば、人が実践コミュニティに参加するのはなぜであろうか。従来の心理学や社会学の見方では、ある行動にはその行動をもたらすものが動機として既に存在することを前提とする。逸脱的行為であれば家庭環境や社会構造の歪み、これから生じる不満・葛藤などの社会心理的状況があると想定する。状況論的アプローチは、動機そのものが実践への参加のなかで形成されるととらえる。これと同様に、意味とは、対象そのものに内在する属性ではなくて、状況依存的であり、他の人々との相互作用をとおしてつくられる。あくまで実践の参加にかかわる関係概念としてそれをとらえようとする立場にたつ。

　では、参加を深めるとはどういうことだろうか。それは実践コミュニティの十全的参加者になる、すなわち知識や技術・技能、価値、見方をわがものとすることである。H・ベッカー流にいえば、外部者や周辺的な位置から眺めていた実践の景観を、実践の関係をとおしてつくられた内部者の視点で実践コミュニティや他のコミュニティを理解することである。彼は、それを逸脱経歴の経時的な記述として、非慣習的世界における実践への参加をとおして、慣習的な見方に潜む道徳的な基準から「より解放された観点」を習得することとしてとらえる。逸脱者たちは自らの行為の合理化や正統化などをはかるために中和の技術を使いつつ道徳的観念の再構成をはかるのである。

> 世界がいかなるものであり、それにどのように対処すべきかということに関しての一連のパースペクティブと了解事項、あるいはまたこれらのパースペクティヴにもとづく一連の常軌的活動が生じる。そして、かかる集団の成員であることにより、一つの逸脱的なアイデンティティが成立する (Becker 1963: 38, ベッカー 1978: 55)。

このように、成員は実践に関与しながら実践の意味を理解し、その理解にしたがって実践を行うことをとおしてアイデンティティを形成し、かつ、実践コミュニティを絶えず再構築していくのである。

ウェンガーたちによれば、新参者は実践コミュニティへの参加の移行における親方、古参者、そして同僚などとの相互作用をとおしてコミュニティの歴史、ルール、文化などへの理解を獲得していくという。この重要な他者は、だれでもいいわけではない。より十全的な参加をしていると意味づけられる人のなかに参加を深める可能性を「感じる」ことにより移行する（伊藤 2004: 118）。こうした古参者は、いわば複数のありうる軌道のうちからの進むべき参加の軌道を可視化させる役割を担う。

彼らは、学ぶことは実践コミュニティへの参加することとしてとらえながらも、それ以上の具体的過程についての分析をすることはない。学習のプロセスは相互作用に解消され、教授・学習の過程は分析では等閑視されつづける。それは彼らの研究の焦点が、学びを分析する一つの視点を提供するものであって、教育のプロセスに無関心であることと関係する。

この点、ベッカーの分析では、マリファナ使用者の道をすすむには、「喫煙法の学習」、「薬物効果を知覚するための学習」、「効果を楽しむための学習」が不可欠であり、これはすでに常習使用者となっているものとの相互作用によりはじめて可能であることを実証にもとづき確認している。

喫煙法の学習としては、以下のように記述される。

あの手合いがそんなどじなまねをする［ハイになりそこねる］のは、マリファナをちゃんとすっていないだけのことよ。なんのこったあない。吸い込んでからのためこみ方が中途半端だったり、空気ばかり吸い込みすぎちまったり、だいたいがそんなところでね。吸い方がお粗末なんだから、やつらが何も感じないのは、当然というわけよ（Becker 1963: 47 ベッカー 1978: 66）。

喫煙者の道を歩むには、一定の技術が必要とされる。さらに、最初は不快であったり、曖昧な効果を楽しむためには学習が必要である。かつては恐ろしく、おぞましくさえあった経験が、快く、望ましい経験として解釈されるような学習の支援である。

まあ、彼らはときどきかなりハイになるよ。ふつうの奴はハイになる準備ができていないし、それにちょっとびっくりして、怖気づいちゃうことがよくあるんだ。……彼らにいい聞かせて、臆病カゼをふり払ってやらねばならない。ずっと話しつづけて安心させ、平気なんだって教えてやるんだ。それから自分の場合のことを話してやるのさ。「俺も同じだった。すぐにいまの俺みたいになる」てね。そんなことを話しつづけるんだ（Becker 1963: 55 ベッカー 1978: 78）。

つまり、こうした「重要な他者」との相互作用、福島（福島 2001）のいう「即興の徒弟制」をとおして技術とともに、逸脱者としてのものの見方、感じ方、慣習的世界の「やつら」に対する見方を形成するわけだが、使用者への道をどう歩むのかは、「重要な他者」との出会いの機会の有無により構造的に規定されている。このことをベッカーは〈経歴の条件依存性〉と呼んでいる。つまり、彼の分析は、社会構造と関連させつつ個人のパースペクティブ、動機、欲求の変化とをとらえようとする。

ここでH・ベッカーを引用するのは、学びを相互作用に解消することなく、教授・学習過程を固有の過程としてとらえようとするからである。しかも、個人の主体的な活動と社会構造をともに射程に収めつつ論じている。

実践コミュニティの構造

実践コミュニティとは、社会的実践とそこで行われる学習をとおして結びつけられる人びとのネットワークである。コミュニティの関係性によって実践が可能になるとともに、そうした実践への関与が人びとのコミュニティへの参加をもたらすのである。実践とコミュニティは相互依存的であり、分離不可でもある。

ウェンガーは彼の学位論文で保険の電話オペレータの事例をとおして実践コミュニティの分析をしているが、そこでの実践コミュニティとは、会社の制度化された組織、つまり、参加の在り方が成文化され、標準的に物象化された組織とは異なり、電話オペレータたちがつくる「間隙に生じるコミュニティ」、いわば会社組織におけるインフォーマル・グループである[10]。

この実践コミュニティにおける学びの過程を理論的に論述するために考案された概念が正統的周辺参加（legitimate peripheral participation）である。それは、参加のあり方、そのプロセスを分析する概念装置であり、「分析視座」（レイヴ、ウェンガー 2003: 15）である。実践コミュニティにおける参加者の知識へのアクセスがどのように認められているのか（正統性）、そのとき参加者は実践コミュニティのどこに位置づけられているのか（周辺性）、そして、そのときどのような参加形態をとるのか（参加）、という問いを統合することによって、複雑な軌道を明らかにしようとする（伊藤 2004: 115）。

正統的周辺性というのは、権力関係を含んだ社会構造に関係している複雑な概念である。人がより一層強く参加するように動いていく場として、周辺性は権力を行使する位置にある。……正統的周辺性は、関連する共同体の結節点だともいえる。こういう意味で、正統的周辺性は権力のもとであると同時に、無力さのもとであり、実践共同体間での結合と相互交流を喚起するとともに阻止もする、というところなのである（Lave, Wenger 1991=2003: 11）。

正統性（Legitimacy）とは、実践コミュニティのもつ活動の目的、活動、そして意味や文化を正統なものとして認めることから生まれる成員性を表すのに対して、周辺性（Peripherarity）が示唆するのは、初心者というコミュニティにおける位置取りの複数性と多様性である。ただし、やがては中心的活動を担う社会的・文化的実践を担うことが彼らのなかで展望される位置にある。したがって、熟練者や古参者たちは、この参加の軌道がどこにつながるものであるのかを明示的に可視化させる役割をはたすことになる。

つまり、周辺的位置とは、一面では、柔軟で、かつ流動的な一つの実践コミュニティの周辺に位置する不安定な立場である。他面で、この周辺性は選択の岐路にある主体の可能性を示す意味を持つとともに、実践コミュニティと他の実践コミュニティとを結ぶ結節の位置を占めると考えることもできる。それは価値や考え方の多様性を保障し、そして、開放的な空間としてコミュニティを維持する主体の位置といってもよいだろう。彼らは異質性を保持しているゆえに、他の成員に認知的葛藤をもたらすような考え方や実践の様式をもちこむ要素となる。したがって、このコミュニティは新参者を迎えることをとおして、それ自体が絶えず変容する関係としてとらえられる。学習は、こうして絶え間なく変化する実践のなかでつくられる関係において生じる一連のプロセスなのである。

四　学習における権力

実践コミュニティ内の権力問題——アクセスと透明性

彼らの実践コミュニティへの参加の論述では、このコミュニティの中心への移行の道筋が描かれる。このコミュニティには、権力の不均衡、葛藤、闘争などがあるにもかかわらず、彼らは主体的関与を認めつつも、結局は、正統的参加者へと道筋が収斂していくかのように描いている11。この権力問題をいかにとらえるのかという課題は、彼らの理論でもいまだに残されている。しかも、これは学習論研究のもっとも重要な論点でもある。

ここで権力の問題は二つのレベルを区別して考える必要がある。第一に、実践コミュニティ内部の関係性における権力問題である。これは成員たちの資源と参加の機会の配分をめぐる問題である。第二は、実践コミュニティ間の権力関係であり、制度体と実践コミュニティとの間、実践コミュニティと他の実践コミュニティ間の関係である。本節では、第一の権力関係をいかに分析するのかということに限定して考察する。

これをとらえるのは闘争というような概念ではひとまずない。なぜなら、実践コミュニティとは、共通の目標をもつ人びとの実践的な関係性であり、闘争が日常的に行われることは想定しえないからである。それは実践コミュニティからの離脱やヘゲモニーをめぐる関係としてとらえられる。ひとまずはウェンガーたちの議論からそれを読み取ることが賢明であろう。そこで注目されるのが、〈アクセス〉と〈透明性〉であり、これらをめぐる〈交渉〉である。

まず、〈アクセス〉とは、実践における学習の組織化の原理と密接に関係するとともに、それ自体がコミュニティにおける権力関係を反映する。ウェンガーたちによれば、権力の問題は、資源の不均衡・不平等にもとづくゆえに、それへのアクセスが決定的な意味をもつ。このように権力の問題が資源へのアクセスへの組織化に依存することを確認する（Lave & Wenger 1991=2003: 87）。このアクセスには、実践コミュニティの十全的参加者になるための活動における、古参者、同僚などの成員、情報、人工物などへのアクセスが含まれる。

これに対して、透明性とは、実践コミュニティの文化を理解することであり、参加に不可欠な契機である。それはただ人工物の利用方法を理解するというばかりでなく、実践コミュニティへの参加とその活動がどのような意味を持つのか、いかにして成員同士で相互に関わりあいながらこれらの活動の意味や価値を形成していくのか、あるいはいかにしてこれらの意味が正統性を獲得していくかということに焦点が当てられている（伊藤ほか 2004: 133）。人びとは参加をとおして透明性の領域を広げていく。あるいは、参加とは、実践コミュニティのなかでこの透明性を広げ深めていくこととして理解される。

状況的学習論によれば、人工物としての機械、技術、ルール自体が、実践コミュニティにおける相互作用のなかではじめて意味を持ち、理解できるものとなる。具体的には、使うことができるものとしてとらえる。したがって、この透明性も単に技術の操作がわかるというだけではなくて、その活動や活動の過程、そして活動のなかに組み込まれた社会的意味や文脈を理解するということを意味する。それこそが学習の目標であり、また、学習そのものでもある。したがって、透明性を視点として見るということは、同時に、実践コミュニティの構造、組織化のあり方が問題となるのである（伊藤ほか 2004: 133）。

例えば、ソーヤーたち（上野、ソーヤー 2008）は、状況論的アプローチから大学の工学系研究室における実験装置への留学生のアクセスにおける格差を明らかにしている。彼女によれば、留学生の言語能力の相異により、実験装置へアクセスがはばまれていること、そのことが他の研究室の諸文化へのアクセスにも影響を及ぼす。実験装置の使用とは、単なるモノの扱い方ではなく、そのモノが使われる文化の理解が不可欠である。この文化に熟知することなくそれを使うことはできない。留学生にとって、この文化へのアクセス、そして交渉することがむつかしいと指摘されている。

ここで重要なことは、大学の研究室は一見すると自由と平等を特徴とするかのようにみえる。しかし、アクセスと透明性という視点から分析するとき、この研究室には権力的な分断が存在し、そして、ある人びとが排除されていることが明らかになる12。

したがって、もし、新参者が資源へのアクセスを何らかの理由で拒まれたり、アクセスを阻む構造があるとすれば、その新参者は実践コミュニティへの参加を深めることはできない。したがって、アクセスの問題はすぐれて権力の問題に他ならないのである。このアクセスも複雑な相互交渉によりつくられるし、そのなかには確かに、意識的な排除にもとづくアクセスの制限という手法が使われることもあろう。だが、問題とすべきは、日常的な実践における権力であり、これを生みだす実践コミュニティの構造なのである。

状況的学習論の意義と限界

状況的学習論は、学習を社会的実践コミュニティへの参加としてとらえることをとおして学習観の転換を迫った。ここに第一の意義がある。このアプローチによって、知識の習得や学習の結果としての行動の結果に関する研究から学習過程へと教育研究の焦点を転換させた。第二に、実践コミュニティの権力的関係を彼らが提示したアクセスと透明性という概念を使って分析する可能性が開かれた。しかしながら、いくつかの残された課題がある。

第一に、学習を実践コミュニティへの参加や参加のあり方としてとらえる一方、学習の過程を相互作用に解消しているように思う。確かに、学校教育の弊害が指摘されるなかで、状況的学習論はこれにかわる魅力的な学習観を提示したものとして受容された。しかしながら、教授・学習過程の独自の意義をすべて消し去ることには問題があるように思う。むしろ、彼らの論述を読んで気づく不満は、相互作用の具体的な様相、つまり、学習の具体的プロセスに関する記述があまりにも少ないということである。この『状況』という書が綿密な実証分析をもとにしつつも、理論的スケッチを描くことに焦点を合わせたということだけに由来するものではない問題がある[13]。

それは、彼らの理論が徒弟制を暗黙の前提として組み立てられていることに由来するのではないか。徒弟制にあった形成過程の意義は現代的にも評価してよいが、そもそも、こうした教育の形態が歴史的に衰退し、そして近代的な教育・訓練制度がつくられた歴史的事実を無視してもよいのだろうか。さらに、徒弟制で表象される「技を盗む」とか、「見て学ぶ」というような言説をあまりに誇張して理解してはいないだろうか。確かに、技能は、授業として教えることになじまないにしても、その職場に特有の表現を使いながら、古参者や親方が意識的に教育的に働き掛けていることをみるべきである。

彼らは教育に触れることにきわめて禁欲的であった。それは何よりも、彼らの関心が学習者の学びを分析することにおかれていたからである。くり返し指摘してきたように、そもそも学校教育の問題とは、教育を社会生活や社会における実践と切り離されたものとして構造化し、そこで教授学習過程が孤立して行われていることにある。それは、学習をとおして蓄積された知識が、やがては行動に結びつく、行動のなかで活かされるという想定により支えられていた。ここで実践への参加が学習だといっても説得力をもつとは考えられない。教授過程の独自性を認めつつ、私たちは、教授・学習→行動→教授・学習という継起的関係の起点を一つだけずらす必要がある。つまり、行動→教授・学習→行動ということである。これは思考の遊びではない。こうした主張の意味するところは、教授・学習の過程を人びとの社会的実践と切り結ぶものとしてデザインするということである。この視点に立つことによって、狭義の学習のデザインだけではなく、実践コミュニティの組織化＝デザインを構想し、提案することが教育者に求められるという課題の転換がはかられる。

状況的学習論の残された課題の第二は、教育の価値の問題である。その理論は参加の過程に焦点を当てているゆえに、価値や内容については無頓着である。彼らの視野にはいる論点でないことは明らかである。この点、H・ベッカーの逸脱研究はすぐれている。社会学者である彼は逸脱行動が社会的相互作用のなかでいかに社会的に構築されるのかということを問うことをとおして価値の問題を政治的問題としてとらえた。ところが、わたくしたちが論じる教育はすぐれて価値的な働きかけである。とすれば、その学習がどのようなものかという規範的な議論が不可欠である。しかし、同時に指摘しておきたいのは、これを「これが望ましい」「こうあるべきである」という次元で論じるべきではないという点である。教育の目標を教育者や研究者が超越的に設定することは、一つの大きな権力的介入である。次章で、これを協同行為の質の問題として論じるのもこうした意図がある。

第三に、この規範的議論と関係して、彼らの実践コミュニティの理論では、権力構造への視点が弱い。確かに、アクセスの問題は権力構造の問題ではあるが、あたかも、直線的に十全参加への道をたどるかのような論述となっていることからもわかるように、権力構造、実践コミュニティの構造とのかかわりで参加を論じる点で課題が残る。とくに、徒弟制を暗黙の前提とする議論から離れ、現代社会の組織・実践コミュニティを考察しようとするとき、分業による分断という視点が分析において不可欠となるはずである。福島正人(福島 1991: 151-152)は、『状況』の解説のなかで、次のように批判する。

これらの人々は、ある共通のタスクを協力して処理する為の、言わば認知・活動主体であっても、決して社会的主体ではない。だから彼らの人間関係の軋轢とか、その原因の一つである階級的ハビトゥスや学校教育の際と達成度の差、それによる仕事場での派閥の形成、それによる仕事の性質の変化、あるいは仕事と家庭との関係、といったテーマは元々こうした状況的認知の議論にはあまり登場しない。

ウェンガーたちは繰り返し、実践コミュニティの理論は、歴史的な徒弟制を範として抽象化したものではないと確認しているが、この問題に気づいていないか、明らかに軽視している。労働の分割と断絶という事態を「局所化」の問題として回りくどく表現しているが、それはまさに分業の問題にほかならない。福島がいう「活動主体間の相互制約の形式」である社会構造の重要性を指摘する。それは具体的な分析のレベルでは分業の問題としてとらえられる。分業は、マルクスに見るまでもなく、一面では生産性を増大させる契機となるが、他面では、まさに労働を分割し、細分化して、その職務を固定化する仕組みである。それは私的所有と労働の疎外を生みだす。実践コミュニティ内の問題としては、分業はアクセスと透明性の配置を制度的に決定づけ、実践コミュニティへの参加を構造づける決定的な契機である[14]。

おわりに

成人学習論のなかで自己主導的学習論、変容学習論ともに北米の成人教育をはじめとして大学成人教育、専門職の教育などの領域で大きな影響力を持つ理論である。しかしながら、本章で明らかにしたように、それらは自由主義的イデオロギーに基盤をおき、個人の自立ということを過度に強調する個体主義的学習論といえるものであった。しかも、変容理論は、学ぶということを準拠枠の批判的なとらえ返しにもとづく意識変容とする主張に見るように、学習をその認知的側面においてのみとらえる理論である。しかも、成人教育者、学習支援者が超越的立場に立って、準拠枠の「歪み」を判定し、教育的に介入することをとおして、その「歪み」を正すという論理展開となっており、成人教育をめぐる倫理性が問われるように思われる。

これに対して、状況的学習論は、学習を実践コミュニティへの参加の深まりの過程としてとらえる。しかも、それは学習者を認知的側面ばかりなく、「全体としての人間」として分析の対象にすえるものである。しかし、残された課題も少なくない。ここでは、実証的研究への展望をふまえつつ、私たちの課題を確認しておきたい。

課題の第一は、なによりも、実践コミュニティにおける権力構造との関連で参加のあり方を究明することが求められる。彼らの論述では、十全的参加へと直線的に参加が深まるかのような記述となっており、そのなかには、軋轢・葛藤であるとか、アクセスの不平等、排除などの過程はほとんどでてくることはない。それは分業により分割され、序列づけられたコミュニティへの参加の過程を分析しようという課題意識が希薄であったことと関係する。それは私たちが実践コミュニティを分析する際に求められる課題でもある。第二に、実践コミュニティの目標やルールがどのようにつくられるのか。制度化された目標やルールは人びとの参加のあり方を拘束するが、拘束されつつも、これをどのように変容させつつ実践をつくるのか。制度的目標やルールを鵜呑みにして論じるのではなく、人びとの考え方を複眼的に、かつリアルにみることが必要である。第三に、彼らの分析をさらにすすめるべきは、関連する制度や政策と実践との〈規範構造〉、接合関係である。彼らの事例でいえば、医療制度や保険制度、会社の処理ルールが処理係の実践を具体的なレベルでいかに拘束するのかという課題である。私たちの課題でいえば、社会教育・生涯学習の政策・制度との関連である。社会的実践と制度・政策をどのように接合しているのか。それらが実践コミュニティの構造を拘束しているのか、逆に、制度や政策を資源としてどのように利用しながら実践を構築しているのかを考察する必要がある。

状況的学習論に学びつつ、しかし、それを越えて理論と実証研究を前進させなければならない。

註

1　三輪建二たちを中心として、米国成人教育の研究書が精力的に翻訳・紹介されている。ただし、その理論から学ぶ場合、実践フィールドの違いを考慮する必要だけではなく、その理論の学問的性格や論争的背景などを十分検討しておく必要があるように思う。とくに、その理論を実践に適用しようとする際には、これらの吟味が不可欠である。成人教育者、社会教育関係職員など学習支援者の力量形成を論じた論考については、高橋満が「公民館実践分析の視点」で批判的な検討を行っている。「ふり返り」の神格化、個体主義的な把握の方法に限界があることを論じている。

2　M・ノールズのガイドは渡辺洋子（渡辺 2005）により翻訳紹介されている。明示的な引用はなくとも、学習をデザインする際の考え方に反映している。

3　ハビガーストの発達段階理論の発達課題の理解に典型的にみられるように、時代的、階層的、人種的、宗教的、ジェンダーによるバイアスは鮮明である。時代的、社会的な理解が必要なことについては、現在の職業への移行が多様化し、不安定化するなかで移行がむつかしくなっていること、つまり、青年期と成人期の境界が曖昧になりつつあることからも明らかであろう。

4　教育の目標でいえば、成人学習者の、学習場面における道具主義的な能力の向上を目指すのに対して、目標を解放におき社会政治構造の批判的なとらえ直しと、その改革への行動への参加にもとめる研究に至るまでの広がりがある。

5　精神障害者のコミュニティである、べてるの家の実践では、「絶望」「悩み」「弱さ」を人びとの絆に変えつつ相互に承認し、支え合う実践を展開している。浦賀べてるの家『べてるの家の『非』援助論』(医学書院)、斉藤道雄『悩む力』(みすず書房)など。

6　津田英二（津田 2003）は、学習支援の関係における権力関係の問題を鋭く指摘している。学習支援者＝教育者が介入することの倫理性とともに、この権力的関係への批判的な意識をもたねばならない。その意味で、省察が必要となる。

7　当初、「意味パースペクティブ」という概念が使われたが、後に「準拠枠」に変えた。ここでは初期の論文であるが、「準拠枠」に統一して表現する。

8　メリアム、カファレラらは、変容学習における主要概念として、人生経験の中心性、批判的なふり返りの性質、意識変容の学習と成人期の発達間の結びつき、の三点をあげている。

9　分析的に整理することは誤解を招くかもしれないが、学びを、すなわち参加をとらえる際の焦点として、学習者の知識・技能に対する関係の変化、学習者間や人工物との関係の変化、そして学習者のアイデンティティの変化という三つの位相をあげることができる。

10　確かに、制度的組織と区別されたインフォーマルな関係をとらえることは重要であるが、実証的には、実践コミュニティをインフォーマルグループに限定する必要はない。生涯学習施設などの職員たちの実践も、これを実践コミュニティとしてとらえたい。状況的学習論が主張するのは、物象化された、別言すれば制度化された参加の関係のみで理解してはならないということである。大切なことは、制度体は実践という行為を通してはじめて具体的な形を取り意味をなすといえる。

11　高木は、次のようにいう。すなわち、「理論的には学習者の能動的関与を認めつつも、アイデンティティ構築過程は社会的実践の現場を反映する優位な実践共同体が用意する『期待される成員像』に学習者が向かっていく過程であるかのように叙述されてしまう」(高木 1999: 5)。また、松本（松本 2006: 225）も同様の指摘をしている。

12　社会教育の研究としては、工学研究室など高度な機械装置を使うようなことは稀であり人工物よりも、むしろ、目標の設定やルールの交渉可能性、情報へのアクセス、決定の過程へのアクセスなどを分析することが重要な意味をもつだろう。

13　H・ベッカーの理論とは異なり彼らの理論枠組みには、具体的な意欲や動機を持つ人間が不在である。この点は、活動システムの発展的転換を「拡張的学習」とみるJ・エンゲストロームらの活動理論にも共通する問題である。それは組織開発論、その手法としてすぐれているが、学習概念を拡張しすぎた議論である。

14　福島は、認知システムや学習の問題を視野に入れて分業を論じる必要性を、「認知システムや暗黙知を扱う議論も、こうした分業を視野に入れなければ、リアリスティックな観察は不可能である」(福島 2001: 83) と強調している。

VI　分業と創発的協同の関係

はじめに

状況的学習論は、社会的実践への参加を学習としてとらえ、学ぶということの意味転換を迫った。しかし、分業の問題、すなわち権力の問題を十分にとらえていないために、その参加の経路を周辺から中央へという単線的な道筋としてとらえているところがある、と批判されている。そこでは分業によりつくられる支配構造をふまえた参加＝学習をめぐる力動的な関係がとらえられていない。状況的アプローチは、一つの理論ではなくて、実践コミュニティ、参加、学習を分析するパースペクティブ＝見方である。必要なのは、ウェンガーたちがそうしたように、この理論を紹介することだけでなく、具体的な事例をもとに実践コミュニティを分析することにある。

その点、欧米では、コンピューターを使う情報産業、情報教育の領域で、人工物と人・学習者との関係を実証的につかむなかで、その応用性が注目されている。状況的学習論が注目される理由の一端はここにあるのであるが、日本では『状況』1におけるウェンガーたちの叙述に示唆をえながら学校教育を分析する論考がみられるものの、まだまだ本格的なものとはいえない。一方、社会教育における研究はほとんど手付かずのままであるが、社会教育の実践を分析する上で重要な視角でもある。本章では、少しく実証的データを使い論じるなかで、協同の実践における学習に関する理論と実証的研究への可能性を示したい。

ところで、私は、ＮＰＯをめぐる社会教育研究には三つの神話があると考えている。この結果、対象に対する暗黙の評価が研究の視点や内容に紛れ込んでくる。それは、ＮＰＯは望ましい学習機会をつくりだす、学びは「よきもの」である、そして協同の活動が望ましいという暗黙の前提である。とくに、第三の点は、社会教育では研究的にも、行政の政策や活動のなかでも、ネットワーク、連携、協働＝コラボレーションなどの概念が手法としても、目標としても重視されている。いずれも、主体間の関係をめぐる問題であるが、いかなる関係であるのかということはそれほど詰められた検討がおこなわれず、言葉だけがひとり歩きしている。協同で活動したり、学ぶ方が、個人でそれらを行うよりも「望ましい」「生産的である」という期待を込めながら私たちは議論している。しかし、すぐにわかることだが、複数の人間がグループで行為することが、一人ひとりより、より生産的なものであるというほど単純なものではない。ときには、一人ひとりが別々に活動する方が効率的であり、目標をより容易に達成しうることもあろう。あるいは、学習のなかで深い理解に達する。問われるべきは、どのような条件と関係が望ましいものなのか、ということである。ここに社会教育における学習論をめぐる研究の焦点がある。

以下では、いくつかの事例の検討をとおして、実践コミュニティへの参加のあり方、とくに、創発的な実践への参加＝学習の諸条件を明らかにしたい。そのことは教育者がいかに実践と学習の環境をデザインするのかを考察する基礎的作業ともなる。まず、単純な構造をもつ相互作用の分析、対話をとおした協同作業において権力がいかに作用するのかを考察する。次に、分業により組織された職場（＝労働の分割と権力的な関係をつくる）で、分業による分断を越えて参加をつくる実践、考え方を摘出する。最後に、これらの事例をふまえながら創発的協同を育む組織の基本的な原理をまとめたい。

一　社会的協同関係をめぐる先行研究

私たちは、先に、自己主導的学習論を批判して、「依存」のもつ教育的意義を確認してきた。その論が批判する主要な矛先は教育者と学習者との権力的関係に向けられていた。自己主導的学習については、さまざまな批判が加えられてきたが、その場合であっても、学習者に対する教育者の権力的な関係を否定しつつ、水平的な関係をつくる態度と技法が教育者の役割であるということに対する期待は揺るぎない。しかし、すでに批判してきたように容易に平等・水平な関係がつくれると考えるのは夢想でしかない。

権力とは、「ある社会関係のなかで抵抗を押しのけても自らの意志を貫きとおすことができること」と理解されるが、第一に、教育の世界でいまどき明示的で暴力的、威圧的な関係による権力を想定する必要はない。前章で考察した状況的アプローチのアクセスと透明性の概念による人びとの相互作用のあり方を見ようとするのも、そうした意図がある。第二に、権力的関係の明示的な垂直的な関係すべてを否定することも誤りである。岡田(岡田 1993)は両者の関係を類型化しつつ論じているが[2]、そのなかで権力関係は、教育の肯定的成果が認識されることによって教育的意味を持つことを指摘する。彼は「自負心や自尊心のような自己統制能力が育つのは、時間的ズレを伴ってであれ、自己の欲求が何らかの形で充足される経験の中である」(岡田 1993: 24)と指摘する。さらに、学習者が教育者の力の行使の正統性を認めている権威の関係では、学習者は教育者の権威を自ら認め、自発的に同一化しつつ、強制としてではなく、自発的に受容する。そこでは教育者に対する信頼が大きな意味を持つ。

鈴木敏正（鈴木 2009: 142）は、教育者と学習者との関係を評価する視点として「関係の内実が教育的なもの」か否かが重要だと述べている。ここで「教育的なもの」とは、協同行為の質として理解したい。この協同行為の性格に着目してみると、この権力と権威という関係では、特定の個人が共同の実践の目標や方向性を排他的に決定する支配的な地位を占めている。これに対して学習者には同調が求められる。状況的アプローチの見方から言えば、学習者はアクセスから排除されているのであり、自らの行為や共同の行動の意味が不透明な中で実践をすることを意味する。この点で、権力や権威のもとにおける教育は否定されるべきものとしてとらえられる。

水平的関係にあると考えられる協同行為としては、協調と協同がある。協調は、近年の例で言えば、金融危機において各国が市場に介入する場合の協調介入のように、一つのプロセスには参加していても、それぞれが独立性と主体性を保ちつつ判断して行動する関係をいう。これに対して、社会的な協同行為とは、一般的にいえば、それは個人のもつ知識、情報、意志などが集団的な決定、集団的な行動や運動にむすびつくプロセスである。協調と協同の境界はそれほどはっきりしたものではないが、協同ではより目標や行動のあり方について相互に拘束する、その意味で、相互依存的な関係をもつ。この協同のなかで結果として一人で行為するよりもよりよい教育的意味をもつ関係を創発的協同と呼ぼう。

創発的性格をいう場合、協同行為は問題解決能力の高さや、一定時間内の解決数により判定する。いわば結果を重視して評価されるが、成人教育研究として考えるときそれには問題がある。つまり、その実験はいわば生産性や効率性を基準とするものであり、そのこと自体の意味を否定するわけではないが、しかしながら、問わねばならないのは相互作用のもつ過程の質の問題である。それは創発性の条件、一般的にいえば、ここでも協同行為の性格こそが評価の基準となる。

では、創発的協同の条件は何か、認知科学の成果を見ておこう。三宅ほなみ（植田ほか 2000: 42）によれば、①解法のプロセスが互いにとって見えやすいということ、②局所的な正誤判断がしがたい場合であることの二つである。さらに建設的な相互作用をひき起こし、深い理解をえるためには、まず、協同状況が思考プロセスの明示的な外化を促進する、次に、外化された内容の意識的な再吟味を許容する、そして、批判的な視点や考え方の生成を引き起こすという三つのステップを踏むことにより、より深い理解につながる。しかし、この三宅の知見は二人の人間での協同関係についての実験であり、より複雑な組織における実践においてもそういいうるのか確証されているわけではない。

それをまとめると、問題になるのは以下の諸点である。第一に、課題の構造である。デューイのいう課題が「真」なるものであるということ。つまり、局所的な判断ができるということは、正しいといわれる解が存在することを意味するが、すでに一つの「正解」が用意されているならば、それを知っているものが権力をもつ。第二に、相互依存の構造、私の表現でいえば、分業により制約されるアクセスの配分をめぐる問題である。実践のプロセス（問題の所在、目標、行動の計画、実行、実行の評価など）が成員によって明示的であるか否かが問われる。つまり、これらの諸過程への参加ないしは情報へのアクセスが開かれ、そのプロセスの社会的文化的意味を理解していなければならない。第三に、プロセスの質に関するものであり、成人教育者がその実践においてつねに求めてきた開放性と多様性をもつ学習の環境である。教育においては、ときには意見の対立や葛藤が認知的な葛藤を惹起して学びを深めることをみる必要がある。前章の指摘を繰り返せば、合意形成の圧力には自由闊達な意見の交換、議論の展開を阻害するおそれさえ存在する。

したがって、共同が意味を持つのは、何らかの合意がえられ、そのもとに行動するからということでは必ずしもない。例えば、意見を出し合い、協同活動をし、学びを深めるという場合、必ずしも、人びとの合意を形成する必要はない。そうではなくて、「その『問題が解かれる状況』そのものを視野に納める視点から問題状況を解釈し、また言語化しようとするからだ、と考えられる」(三宅 2000: 43)。つまり、異なる視点からの意見に触発されて議論の質が転換することであり、これを個人に即してみると、認知的葛藤が生じるということに意味がある。

再度、創発的協同の意味を確認しておこう。協同的関係とは、それを構成する一人一人の知識、情報、意志などの表明が尊重されつつ、集団の決定、集団の行動と結びつく相互関係といえるだろう。ここで、単独で学ぶ、課題解決のために行動するよりも協同して行う場合のほうが、よりよいプロセスの質をもつ関係を創発的協同関係と呼ぼう。

しかしながら、協同は問題解決の正確さや意思決定の合理性を高めにくいという事実がある。これは効率性という面ばかりではない。とくに、分業により組織された活動システムの参加のもとではむつかしい。問題は、意志決定や行動のプロセスの在り方をめぐることである。分業により構成された組織でこの創発的協同はいかに実現するのか。

二　関係の構造的拘束性

発話と応答の固定的関係

社会教育、生涯学習では、あるべき学びの関係として、教育者と学習者、学習者間の関係を成人にとってできるだけ開放的で、平等な空間としてつくる姿勢がめざされる。それは教室における机の配置からはじまり、教材の選択、テーマの選定、学習のすすめ方にまで及ぶ学習のデザインにはじまり、なによりも、学習者を「共同探究者としての相互性」のなかでとらえることが求められる。しかしながら、こうして求められる態度と教育者の学習支援が実際にどのように機能しているのか、ということは無論同じではない。一般に、成人教育研究者の主張には、教育行為への楽観的な見方がある、と私は感じる。教育者と学習者との関係は、それほど自由で柔軟性の高いものなのだろうか。

以下の対話を見て欲しい。これはある「男女共学の是非」をめぐってディベートをするというテーマを設定し、共学賛成の立場から立論をするという協同行為（最低限のメンバーとして二人を被験者とした）における対話である。Aは、大学院生、男性、Bは学部の女子学生である。Aは、あらかじめこの実験の意味を知っている。

会話Ⅰ

A：共学はなぜ良いか。
B：なぜ良いか。うーん……。
A：と、聞かれたら。……俺も考えるから、とりあえず。なんか思いつくのある？　共学と言われたら、良い所。
B：……良い所。
A：うん。
B：……なんだろうなー、えっと、が……うーん、なんだろ……。

この会話Ⅰでは、AとBの対話は、Aが提示した課題をBが受容していることを示している。「A：なぜ良いか」→「B：なぜ良いか」、「A：良い所」→「B：良い所」という繰り返しがそのことを端的に示している。つまり、課題解決に向けた方向性はAが主導することによりつくられている。同時に、そこでは、Aが発問し、これにBが応答するという関係を見せている。例えば、この問いは、「良いところ」ではなくて、「別学がなぜ許されないのか」と問うこともできたであろう。つまり、別学を不正義としてこれを問う論じ方である。この異なる視点からの状況把握と課題の提示が協同において重要な意味を持つ。

一般に、学校教育における教師と生徒・学生との関係は、教師による「発問」→生徒・学生の「応答」という関係のもとにおかれることが通常である。この教師－生徒・学生関係の特殊性は、この「発問」、つまり、「問い」が、いわば「偽」であることである。教師は回答を知っている。だからこそ、応答した生徒・学生の回答を評価するという関係がつくられ、固定されていることである。この構造こそが、教師の権力の源泉の一つである。この事例における会話では「解」は開かれている（局所的な正誤判断にはなじまない）が、それでも両者の相互作用のあり方を主導するのはつねにAである。

対話と権力

会話Ⅱ

A：男女が一緒にいて、気をつけて新しい関係をこう作っていくっていう可能性があるでしょうね。

B：そうですよね。

A：その辺は、実験的で、けっこう魅力あるかもしれないね。あの、子供の頃からの、なんかそういう、そういう男女とかジェンダーの役割に対する、意識して、自分の中で、生活を変えてく、みたいな。っていうのがもし意図的に学校で考えられているんだったら、まぁ意味があるかもしれないけどね。

B：そうですね。

A：そういうのはあるか……ふーん……。

B：うーん……。

会話Ⅲ

A：新たな関係づくり、っていうのかな。「つくり」という意味ではまぁ実験的だけど、なんか魅力あるかもね。

B：はい。

A：なんかある？あと。

B：あとですか？

A：うん。……あとでも、どんなこと言ってくるのかね？

B：……別学で……。

A：（誰かが部屋に入る）向こうが共学に対してどう言ってくるかでもいいし。まずいな。これは俺がコントロールしてるなー。

B：フフフ（笑）いいです。

A：Bさん、コントロールしてください！このままだとC先生の、

B：思う壺？

A：思う壺なんで。

B：フフフ（笑）

A：わたしはやっぱり、年齢的に学年的に上なんで。……これ、少しかく乱してやればいいんだ。こうやって、ね。

先のようなA主導の関係は、会話IIおよびIIIにも読みとれる。ここではAが意見を述べ、「そうですね」とBが承認する関係である。異論を述べる余地がないわけではない。課題が異なれば、意見が衝突し、葛藤した場面があることを排除するものではない。しかし、大切なことは、この会話では逆転した関係の会話が見られないということである。会話IIIは、こうした構造のもとに会話が進められていることに気づき、実験の意図を理解しているAは、思わず「まずいな」「俺がコントロールしているな」と声をだしてしまう。そこで修正を試みるが、この構造から脱することはむつかしかった。

この単純な協同の実験が示しているように、協同的実践の関係は、これを構成する人びとの関係性によって構造的に拘束されているということを認識すべきであろう。協同の過程では、二人は相互作用のなかで、相互に相手の知識や問題解決の方略、表現方法の特質などの「状況分析」(situational analysis)をする。二人は会話をすすめながら相手の考え方、知識、コミュニケーションの様式などを察知する。こうした認識にもとづいて対話がすすめられる。この相互作用から共学についての考え方を「共同創造」(co-creational)しようとするのであるが、この課題の存在ゆえに垂直的なコミュニケーションになり、垂直的関係であることが共同創造をむつかしいものにしている(植田ほか 2000: 26)。すなわち、新しい知識や解をつくりだしていく過程が、同時に、権力関係をつくる契機となる。

この関係の難しさは、相互作用そのものがコントロールしえない構造としてあり、さらに、協同的な創造にまでつなげることのむつかしさを端的に示している。私たちは「協同場面における「相互作用」は、自由にデザイン可能なプロセスではなく、「課題の構造」や、人々の間に存在する「相互依存の構造」に根本的に制約される」(植田ほか 2000: 51) ということを認識すべきであろう。

この考察が示唆する点は二つである。第一に、どのような課題を設定するのか。第二に、実践コミュニティの組織化のあり方を批判的に問うこと、必要があればそれを組み替えることが求められる。

三　分業による権力と協同

Ｖで状況的学習論の基本的な考え方とその意義・限界を見てきた。それは新しい学習観と分析の概念装置をいくつか明らかにしてきたが、こうした研究の展望を拓きつつも、何よりも、実践コミュニティにおける参加に分業がどのような影響を及ぼすのか、という視点が彼らには欠けている、ということを指摘してきた。

分業が職員の労働をいかに細分化し、成員のアクセスと透明性をいかに疎外するものなのかという点についての詳しい実証は、今後に譲ろう。以下では、この分業＝労働の分割をいかに越えうるのかということを、「アクセス」と「透明性」ということに着目しつつ事例をとおして考察したい。具体的に、保健師の例で検討してみよう[3]。

制度・分業・職員の専門性

いうまでもなく職員は一人で実践する自由人であるわけではない。彼は組織に所属し、そのなかで活動する。複数の実践コミュニティにより職場は構成され、しかも、事業部門と管理部門とは職場の単位としては統合されながらも、それぞれの目標と考え方は決して調和的なものではなくて、時には軋轢を生む要素を孕んでいる。

仙台市の保健師は各区の保健福祉センターと保健所に属すものとに制度上は分かれ、実に区役所職員の三分の一を占めている。宮城野区の場合の各課の構成（行政職員：保健師：医師：その他）を見ると、管理課（五：二：二）は総務係・企画係に、家庭健康課（二：一四：一：管理栄養士二：歯科衛生士三）は子ども家庭係・母子保健係・健康増進係に、障害高齢課（一一：九：臨床心理士一）は高齢者支援係・障害者支援係・介護保険係により構成されている。つまり、課と係という組織と職務に対応して保健師は分散配置されている。

ここでは職務の相異に対応して権限も異なり、職員の実践への参加＝学習のあり方もまた大きく異なる。「分業の過程によって、その労働にかかわる学習の展開が制限されてしまい、いわば頭打ちになってしまうこと、そうしてもう一つは、作業の細分化によって、チーム、ないしはグループとしての活動が否定され、その結果労働者がその孤立感に悩むという点である」（福島 2001: 111）。こうしたなかに職員の実践がある。以下では、この分業から生じる弊害をいかに実践のなかで克服するのか、という点に焦点をあて考察しよう。

保健師の活動のモノグラフからである。

事務職は本庁にうかがいをたてて動くんですよ。保健活動は保健師が自らの免許で地域に出向いて、地域活動から課題をだして、上にあげることはするけれども指示を待っていてどうするという、指示待ちではない。そこに違いがある。課の事務事業はすべて要綱・要領にもとづいて一字一句そこから違えたことはやらないじゃないですか。きちんと決まったことを市民に提供する。区役所事務ってそうなんですよ。保健事業だけは住民の実態に合わせていろいろと、ほら大きなところで本庁が方向性を出して、細部はこちらでつくっていくような。そこがちがうんだよね。

この語りは、保健師の活動と事務職の活動が重要なところでその性格を異にし、分断されていることを端的に示している。小さな制度的な単位のなかに二つのコミュニティが存在しているといいうる。このコミュニティは制度化され、とくに事務職においては本庁・中央と地区という関係においては垂直的にむすばれ、要項・要領にもとづき仕事をおこなう。これに対して、自治体に働く自らの位置を彼女たちは、「保健師である、自治体職員である、A市B課C係りである、地域保健福祉業務○○担当」と定義している[4]。つまり、彼女たちは複数のコミュニティに参加しつつ、保健師としての仕事をする。行政の機構に位置づけられながらも保健師の活動は自由裁量をもつこと、その活動を地域の課題に即して組み立てなければならないことを強調している。その根拠となるのは、保健師という国家資格であり、また、専門性の社会的認知にもとづく行政制度でもある。このように、市役所職員という制度のなかに位置づけられ、かつ複数のコミュニティに参加しながらも、その核心に保健師としてのアイデンティティがある。では、彼らはどのように仕事をするのか。

あれっ、地域の中で起こったことをどれだけ資料化して整理するのかということが大切。どうしようかということは、ひとりではできないから、仲間の保健師と、上司に相談したりして。最初は予算はつきにくいけれども、もう少し状況を聞いてみようかとやってきた経過がある。それにうまく国の動きなど施策化の動きをうまくつかっていく。事業を立ち上げていく。たまたま上からおりてきたお金かもしれないけれども、住民のためにいかに使っていくのかということは、わたくしたちの日常業務にとわれているかな。

相談されて、係長がこれが大切だな、と思えば一人には任せないで、任せたらつぶれちゃいますから。組織での受け皿、みんなでやろうという環境をつくるために声かけてもらう。課としてやろう。課だけでじゃなくて、もったいないから、関係あるから、どこそこもはいって、という。私は上の人の理解を得るために話をする。とくに忙しいなかで広げて考えるのか、たまたま忙しい時期は、あとになると楽になるからやろうと考えるのか、それはすごくむつかしいところです。もってきかたが。
（上の人というのは、だれなのですか。）それは係長でしょう。係長・担当者の話を課長が受ける。職員から

保健所はある程度、事業はあるんだけれども自由裁量でやっている部分がありますよね。きちっと根拠はあるんだけれども、「保健指導」とばくっとくくられているので、わりと自由に考えて。それをあと、何々プランにもとづくとか。そうすると、周りの人に説明しやすい。仙台市計画のここにもとづく、と。公務員だから。税金を使ってやってるわけだし。勝手にやるわけにはいかない。

保健師の活動は一面では制度や政策、国や自治体の政策に拘束される側面をもつ。しかしながら、これに一方的に規定されているわけではない。この語りに見られるように、保健師のあるべき活動をつみかさねながら、そのうえで政策、計画、施策を加工しつつ住民に対して実践を組み立てる資源としてもしたたかに利用する。整理

すると、保健師の活動は、①地域の実態のなかに問題の萌芽をつかみとる感性をもち、それらを〈透明化〉するための道具＝資料等をつくること、②実践コミュニティのなかで目標、施策のすすめ方について〈交渉〉をおこない、合意を形成すること、③国や自治体の政策動向などを見据えつつ、それを地域の実情に合った施策に組み替えていくということが保健師らしい活動様式であり、それを担いうる力量が求められる。

実践コミュニティの越境

しかし、この保健師たちは、職種は同じであっても担当する課・科によって制度的に分断されている。しかも、数年のなかで異動を強いられる。この分業にもとづく分断をどのように克服するのか。

保健師の仕事は、対象者個々人を見るのではなく、地域において生活する人間として全体を見る、そして地域のなかで保健・健康の問題に対応することが課題である。しかし、行政組織の中では障害者、高齢者などの領域により分散的に配置され、分断されている。日常的な業務はこの分業の軸に沿って、いわば縦割りの系列で地域をみることが求められる。以下は、それをのり越える協同をつくるプロジェクト型事業の例である。

そうじゃないと（プロジェクトのような事業方法でないと）精神保健です、介護保険ですというように縦でものをみるようになってしまって。業務でこうなっている話を聞いて、地域でも同じように困っている人はいないかしら、というような。そして施策化していくのかが課題かな。

地域診断とかかっこいい言葉があって、統計とか整理するけれども、一番いいのは地域の人たちのところへ入って、話を聞くと、いつからこんなものがあって、こういうことで苦労しているとか、ここはいい、ここは疎遠だなということがわかりますよね。そういうことを教えてくれるのは住民だと思うの。でも、それを、ああそうねといってそのままにしておくか、きちっと資料化して課題化できるのかが、こちらの役割かなと思います。ちかごろは、地域としてとらえようとすることが業務分担制になってむつかしくなっている。だから鶴ヶ谷プロジェクトはいいきっかけですよね。業務は大変だけど、乗ろうということでいますすめているわけです。

鶴ヶ谷プロジェクトとは、高齢化が劇的に進行するかつてのニュータウン団地の問題解決のために、まちづくり課、保健福祉課などが共同しながら、住民の力で地域の力を高める横断的な事業方法である。これは制度的に分断されていた行政部局の職員たちの生みだす協同ではあるが、保健福祉課のなかでも分断されていた保健師の間の越境をとおして新しい実践コミュニティをつくりあげている。

ここでもう一つ指摘しておきたいことは、彼らが住民との交渉のなかでつかみとった地域の保健福祉の課題を資料として文書化することの意義を繰り返し強調していることである。それは、事業を立ち上げる際に示す根拠であり、実践コミュニティでは、異動によって「初心者」として参入する保健師に地域情報を的確に伝える重要なツールとなる。この文化的な蓄積が実践を支える。

しかし、先にみたように、日常的業務をともにしながらも保健師と事務職員との間には、明確な職務内容と職務の性格における深い溝が横たわっている。次は、同じ職場を構成している職員間の協同をどうつくるのか、というものである。

係長は三係のうち二係は事務系の課長です。その係長のもとに保健師が活動する。保健師だからやるのよ、とはいわれないようにしようと心がけているんですけれども。係長さんがよく理解してくださってるし、三人がよくまとまっているなと思います。それは統合相談窓口ということで三係りから一人ずつ張り付けて市民に対して総合的に対応する窓口をまえからつくっていてくれてたんですね。それをやることで、係長も当然その報告も得るし、理解してくれるし、理解する機会も多いわけですよね。そういうことで他の課が何をやっているのかということがわかる。お客様の相談が協力しないと対応できないという現実もありますので。そういうなかから係長さんたちも理解してくれているのかな、と思います。でも努力している部分はあるよね。理解し合わないと全体が機能しないということがあります。

訪問とか、体験することで弾力化しなければだめなんだよということが、頭だけではなく、実際の場面でわかってくれると思うから。……お互い忙しいから拒否するわけではないんだけど、う〜んといっちゃうのは当然だというんじゃなくて、どうしたらできるかという考え方を対応していただいている。対応するなかで変わっていけるという感じがします。

ここで大事なことは、職務にもとづく分業という制度を柔軟にのり越え、つくり変えることである。それは実践コミュニティの参加のあり方に依存している。協同の実践をとおして、事務職員からみれば、保健師の仕事が「見える」ということである。ときには、地域で精神障害者がトラブルを起こしたと連絡があると、屈強な力が必要なときには、精神障害の係の事務職員、他の課の事務職員が「借り出され」、現場に立ち会う。ある意味では、知る必要がない職務関係である。分業関係が優先されて対応できないということは、分業による分断が物象化し運営のあり方が主体的な参加を不可能にしているということを意味する。それは一つの権力関係・構造である。しかし、ここでは、実践コミュニティを重ねることで、保健師の活動が「見える」ものとなる。保健師の考え方が「理解できる」ものとなる。透明性が確保されるということである。通常の業務ではルーティーンの仕事が重要なものになるであろう。それが対象化されるのは、日常性を破り、分業構造やそこで形成された考え方を越える〈事件〉〈出来事〉である。そのときに、課題に即して組織の制約を越えていかに柔軟に越境しえるのかということは、実践コミュニティの質が反映する。これを実現する上での保健師の専門性に対する社会的認知＝資格の意味が重要性をもつ。

分業による分断を越えて協同をつくる方法とは、実践

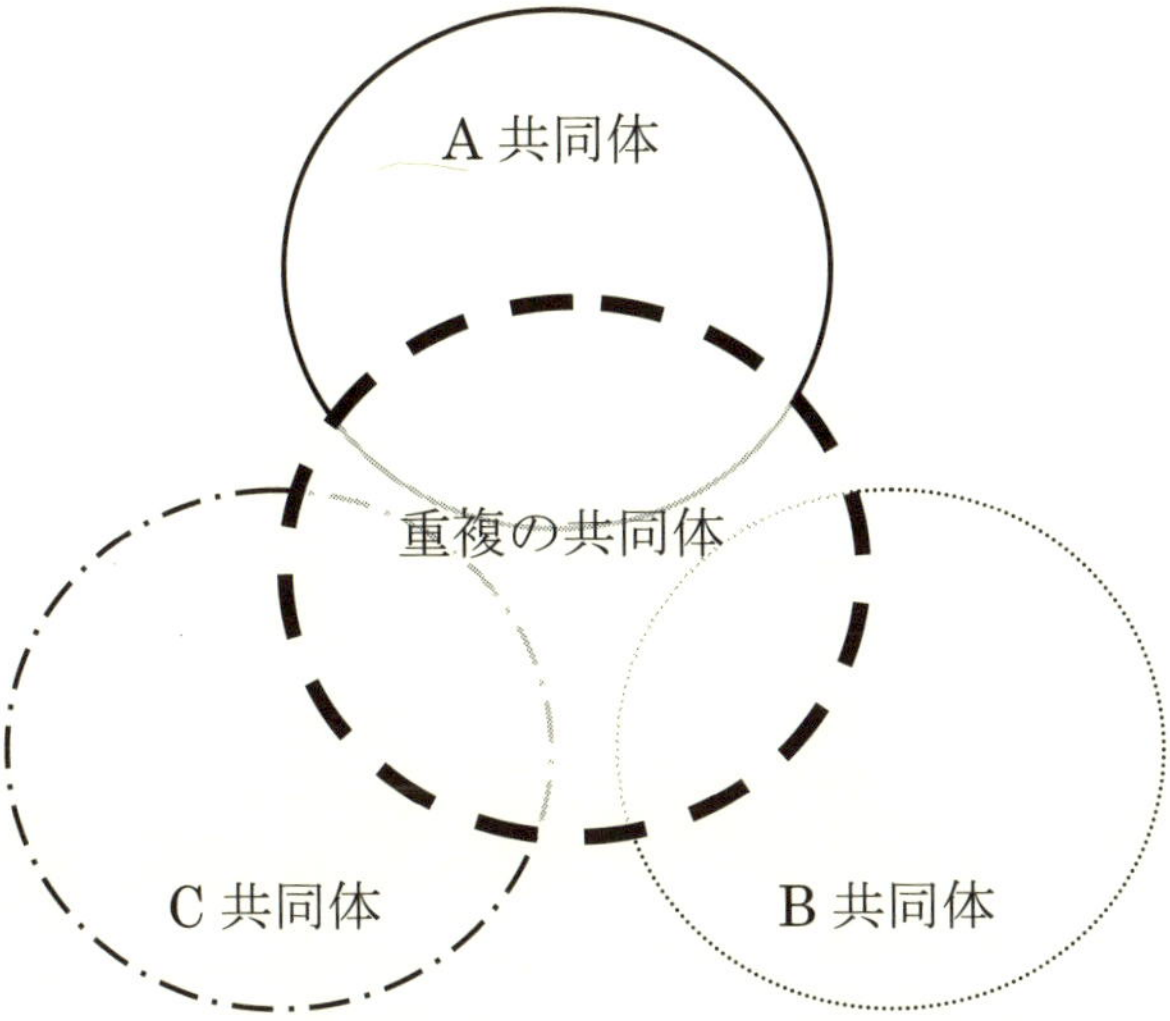

図VI-1　実践コミュニティの重複

コミュニティの〈越境〉と〈重複〉である。第一に、実践コミュニティ間の関係では、相互にコミュニティを越境しつつ、新たな実践コミュニティをつくるということである。ここでは、共通の目標、ルール、価値や意味を新たにつくることが課題となる。事例では、それは「しんどい」かもしれないが、プロジェクトにのるなかで業務分担制の弊害を越えようという意図が読み取れる。第二に、実践コミュニティを少しだけ重ね合わせることである。重複する領域を意識的につくる。その目標は明らかである。相互のコミュニティを透過的なものにすることである。実際的な経験がその必要性を認識させる動機をつくる。第三に、それにくわえて、交渉可能性が開かれていること。つまり、目標や考え方をめぐり、相互に異なる意見や考えを「調整」することである。この交渉可能性がなければ、協同はありえないし、また、権力的な関係に陥ることにもなる[5]。

創発的協同の諸条件

これらの事例をもとに創発的協同のための条件を整理してみよう。以下のとおりである。

① 目標の設定、活動の計画、活動の過程、成果の確認にいたるまで、メンバーにすべての協同的な活動過程についての情報が公開されていること（過程の透明性）

② 熟議への参加と交渉ができる関係が築かれていること（関係の平等性と柔軟性）

③ 異質な視点をもつものの参加が柔軟に開かれていること（組織の開放性）

ここに見るように、大切なのは実践コミュニティへの参加のアクセスであり、そして、明文化され、制度化され自明とされている「考え方」そのものの妥当性を交渉することのできる機会が設けられていることである。かつ、この交渉が率直な対話の中で行われることが可能な信頼関係があるからこそ、多様な、異なる視点からの意見表明により認知的葛藤が生じる。こうした実践コミュニティへの参加をとおして個人が変容するだけではなく、実践コミュニティ自体がたえず変化し、制度をこえてときに重複し、ときに越境しつつ変容する創発性をもつことが可能となる。

以上の事例は、「規範構造」をもつ実践コミュニティ同士の関係である。だが、複数の実践コミュニティ間の関係は複雑である。ときには協働しつつも、互いに自らの正統性を主張して対立し、交渉する関係におかれることもあろう。この次元で、関係する実践コミュニティの配置を明らかにしつつ、意味をめぐる交渉、権力の行使＝執行過程の分析が求められる[6]。

おわりに

学習を支援する教育者の役割は二つのレベルを分けて考える必要がある。一つは、個々の学習者の学びのプロセスの支援ということである。ここでは、学習のための道具、学習方法、狭義の学習条件などのデザインがふくまれる。狭義の学習の支援といってもよいだろう。もう一つは、実践への参加＝学習環境をデザインすることである。つまり、実践の組織のあり方を批判的に問い、それを新たにデザインすることを意味する。成人教育に携わる教育者は、学習支援者であるとともに、学習を組織する者でもなければならない。

近年、社会教育研究者の実践的関心は主に前者の意味での学習プロセスの構築ということに焦点がおかれてきた。個人の学習を支援することは大切である。しかし、実践コミュニティへの参加を深めるためには、権力関係の視点をもちつつ、実践が組織される職場の職員たちの間の関係、市民との関係のあり方そのものを批判的に問い、創発的協同をつくるという視点から実践＝学習の環境をデザインすることを課題としてとらえる必要がある。

そのことは、学びをどのようにとらえるのかという問題でもある。学習を、学校教育型の知識を貯蓄するということでもなく、あたかも実体としてある「準拠枠」を「ふり返り」をとおして変容させることでもなく、実践への参加であるととらえるとき、実践コミュニティとしての組織化のあり方が問われることになるからである。この立場に立つとき、この学習論は、施設の運営・管理の在り方を批判的に問い、具体的なレベルで施設のガバナンス論に接合する射程をもつ。

註

1　Lave, Wenger 1991=2003 を以下『状況』と省略する。

2　岡田（岡田 1993: 206）では、「権力的かかわり」、「権威的かかわり」、「認知葛藤的かかわり」、「受容的・呼応的かかわり」という四つの類型をあげて論じている。

3　本章では、保健師の活動を事例に説明するが、その意図は以下のようである。①専門性と活動との関連を明瞭に見ることができること。②アプローチの類似性。専門的資格にもとづき地域住民と接しながら保健衛生活動を展開しているが、〈社会教育的手法〉で活動をしている。②専門性と行政としての拘束との関連を見ることができる対象であること。なお、こうした視点から、保健師のほか、看護師、社会福祉職員、教師の力量形成の問題について、本稿の視点から実証調査をすすめている。

4　『仙台市の保健師活動』二〇〇九年。これは保健師の研修用に用意された資料の抜粋である。

5　マルクスは分業の廃棄を共同性の新たな復権のもとにとらえている。「ただ諸個人がこれらの物的な力を元どおりに自分たちのもとに隷属させて労働の分割をやめさせることによってのみなくすことができる。これは人びとの共同なしにはできない相談である。［他人たちとの］共同こそが［各］個人がその素質を現る方向へ伸ばす方便なのである。したがって共同においてこそ人間的自由は可能となる」（マルクス 1985: 33）と指摘する。将来社会における廃棄の問題ではなくて、分業のもとでの共同の意義をここでは指摘しておきたい。

6　ベッカーの分析では、この実践コミュニティ間の関係性を、例えば、ジャズミュージシャンと「スクウェアー」(このアウトサーだーたちはジャズや音楽を理解しえないが、重要な顧客である)との関係、マリファナなど逸脱行動をめぐる規則・立法化とその執行をめぐる過程などを対象として分析している(ベッカー 1978)。

第三部　グローバリゼーションと生涯学習のガバナンス

Ⅶ　グローバリゼーションと市民の学び

はじめに

二一世紀を迎え、私たちはグローバリゼーションという大きく、かつダイナミックな流れの只中にいる。では、グローバリゼーションという言葉から何を連想するであろうか。毎日の生活そのものが食料品から文化に至るまで諸外国から大きな影響をうけている。外国人労働者や留学などをとおして外国籍市民が身近な地域のなかで生活している。資本の自由移動の障壁を撤廃すべく世界的なコンセンサスづくりに強大な力を振るうＷＴＯ、世界銀行、ＩＭＦなどの経済政策が各国の政策を規定している。テレビや新聞報道をとおして、原発事故や環境汚染など、社会的なリスクそれ自体がグローバル化していることを私たちの時代の問題として実感することができる。

私たちは、いま、このような時代に生きている。これまでの社会制度や民主主義の基盤であった国民国家の正統性が揺らぎつつあり、そのなかで地球規模での「新しい秩序」をいかにつくりあげるのか、という課題が「私たち」（国際的な機関や政治家だけではない）に問われている。

本章では、グローバリゼーションの意味を確認しながら、これへの政策的応答としての生涯学習政策の現代的特質を指摘し、最後に、グローバリゼーションの時代における市民としての実践とこれを支える成人教育・社会教育の課題について指摘したい。

一　グローバリゼーションの挑戦

グローバリゼーションとは何か

グローバリゼーションは、現代に生きる私たちにどのような生活課題を提起するのであろうか。この吟味のためには、グローバリゼーションの三つの意味を区別しておく必要があろう。

一九八〇年代頃まで日本では、グローバリゼーションとは国際化（Internationalisation）という意味で理解されてきた。すなわち第一の意味は、国民国家を前提としながらも、異質で、多様性をもつ人・財貨・文化などが国境を越えて交換され、交流がすすむこととして理解されてきた。時間的・空間的近接性が増し、諸国家や諸文化について相互に学びあう過程が加速されてきた。

第二に、経済のグローバル化といわれる意味である。そこでは国民国家の枠組みそのものが揺らぎつつある、という新しい質的転換がみられる。国境を越えて資本や生産拠点の自由な移動がみられる。市場開放のため「国際的基準」の確立と規制緩和が求められる。金子勝や内橋克人が批判するように、グローバルスタンダードといいつつも、その実態はアメリカンスタンダードを世界化すること、「市場原理主義の世界化」をすすめるイデオロギーとしてとらえられる[1]。それは新自由主義の改革と結びつき「不可逆的」で「必然」の過程といわれるが、一つのイデオロギーにほかならない。この意味でグローバリズムと呼ぶことにしよう。

第三に、グローバリゼーションによって、経済的側面だけではなく、国民国家の枠組みが相対化されるつつある。つまり、国民国家の枠組みが揺らぎつつあるなかで、より小さな単位である家族や地域などの私的領域や親密圏、そしてＮＧＯやＮＰＯなどの社会的活動によってつくられる公共空間の意義が増大しつつある。ローカルに活動しながら、これらが国民国家のなかで、そしてこの枠組みを超えて横に結びつけられネットワークを構築しつつある。

「豊かな国」のなかの貧困

ここで、まず、グローバリズムのモデルとして経済的繁栄を謳歌しているといわれる自由と豊かな国アメリカの状況を確認することは無意味ではなかろう。

私たちは、アメリカ・シアトル市の学校外活動の調査を行ってきたが、日本との問題意識の違いは鮮明であった。シアトル市では学校の始業前と放課後に子どもの事業を行っているから「学校（時間）外活動」(out-of-school time activities) なのであるが、始業前のプログラムには朝食の時間が含まれている。こうしたプログラムをもつ理由を聞いたり調べたりするうちにわかってきたことは、あの繁栄のなかにあるアメリカで「一二〇〇万人にのぼる児童が十分な食事をとれずに栄養失調や飢餓に瀕している」（農務省年次報告）という事実である。実際、シアトル市の統計では一一歳未満の子どもを中心に見ると、黒人世帯の四〇％が生活保護を受けているのに対して、白人世帯では一〇％にとどまる。とくに、母親と子どもという世帯では、五〇％が生活保護を受ける状況となっている。黒人では母子世帯構成が多いため、子どもの時期に貧困のなかで育つとともに、自らも子どもを育てる時期に経済的な困難を経験することが運命となっている。

学校外活動は、食事をとらないのではなくて、とれない子どもたちへの対応としての側面と、福祉給付に依存せずに労働することを義務づけたために子どもへのケアーが質的・量的に増大したことに対応する施策としての側面をもっている。しかも彼女たちは失業しているのではなくて、働きながら、かつ一日のうちに複数の職場で働きながら（すぐれてアメリカ的特徴をもつためマック・ジョブという。例えば、まずマクドナルドで、つぎにスターバックスで働くというような）生活保護をうけている。

労働社会の彼方に――リスク社会の到来

いま、私たちの生活をラディカルに変えつつあるのは、新自由主義的改革と結びついたグローバリズムにほかならない。福祉国家のもとで私たちは「労働の権利」を求め、常勤の形態の完全雇用を目指してきたが、グローバリズムのなかでこうした目標が放棄され、実態としてもそれが解体しつつある。「労働の柔軟化」をめざして賃金形態の多様化、雇用の柔軟化、機能の柔軟化がすすめられている。ライフサイクルのなかで失業や転職などのリスクを経験することが避けられないものとなり、派遣労働・契約労働・有期雇用・裁量労働など、かつて不安定労働者など貧困の問題としてとらえられてきた状況が男性を含めて普遍的な私たちの運命となりつつある[2]。

ドイツの社会学者U・ベックは、こうした労働社会の彼方にあらわれたリスク社会の特徴を皮肉をこめて「生活の民主化」ととらえているが、しかしながらリスクは均等に配分されているわけではない。先進国と途上国という分断にくわえて、一国内でもジェンダーやエスニシティ、年齢や地域の違いが配分における不平等を生む契機として大きな意味を持つ。グローバリズムのもとで、企業の戦略は税率と労賃の低い国へ生産拠点を移し、資本家は、もっとも美しく快適な環境の下に居住し生活を楽しむ。つねに「勝者」と「敗者」がつくられるが、彼らはもはや同じテーブル（国民国家）につくことはない。

私たちの生活が国際化し、つねに変化すること、これ自体は目新しいものではない。グローバリゼーションをめぐり留意すべきことは、民主主義のあり方が質的に転換していること、つまり、国民国家を枠組みにした民主主義のあり方が揺らぎつつあること、言い換えれば、新しい民主主義のあり方が問われているのである。

二　グローバリゼーションと生涯学習戦略

国家的公共性と学びの制度化

自由主義思想の影響をうけ分権と住民自治の制度的理念のもと、国民の自主的・自治的に行われる学習活動の展開を基調に、この学びを支える環境を行政が整備するという構想として戦後日本における社会教育行政は出発した。しかし、周知のように、社会教育法の改正を梃子に制度の改変がはかられ、国家による介入・干渉のなかで中央集権化がすすめられてきた。こうした国家の介入は政治的な意図をもっているにしても、国家的公共性は福祉国家的施策としての性格をもつからこそ、一定の支持をえてその正統性をもちえてきたということを見ておく必要があろう。事実、社会教育主事制度や社会教育施設の基準化と補助をとおして専門職員の養成・地域配置と社会教育施設の整備がすすめられ、社会教育関係団体への補助金支出や各種事業への補助、事業委託をとおして市町村の教育事業が財政的に支えられてきた。一九六〇年代の生涯教育政策では、国際的に見ると焦点的課題であった教育機会の均等を図るという視点は弱いものの、生涯発達という視点からカリキュラムの科学化がすすめられ、大きなインパクトを与えたことは確かである。

こうして国から県を経由して市町村へと同じ事業が直接浸透する体制がつくられてきた。県や市町村も政策的に国に追随するだけではなく、具体的な事業についても国や県からの財政的な裏づけをもらえる活動・事業を実施することが常識となり、社会教育・生涯学習はノンフォーマル・エデュケーションといいながらも、「金太郎飴」のような型の決まった事業が実施される状態がつくられてきた。社会教育の制度化の深まりである。

このように教育をめぐる国家的公共性は、国家主導による人・財やサービスの社会的再配分として実現されてきたのである。こうして社会教育の制度化が深まるなかで、「実際生活に即した」学びをつくるために必要とされる諸条件が徐々に侵食されていく。まず、多くの自治体で住民自治の制度的保障であった社会教育委員、公民館運営審議会の活動が形骸化して、事務局主導の計画化と実践にとってかわられる傾向が強まってきた。さらに、生活に根ざした学習機会をつくるためには、住民自身が計画策定やプログラムづくりに参画することが不可欠であるが、学習事業をつくるのは職員の役割となり、住民は「科学的手続き」にもとづいて彼らによってつくられた講座を受動的に拝聴するサービスの受け手という位置におかれることになる。

教育のグローバルな市場化戦略

一九八〇年代半ばの臨時教育審議会の「生涯学習体系へ移行」によって始動し、一九九〇年代に本格化する生涯学習政策は、「いつでも、どこでも、自らの興味関心にもとづいて」という生涯学習社会を実現するものとして登場したが、それは、公共性をめぐる上述の構造の転換をはかろうとするものであった[3]。つまり、新自由主義的構想のもと、学習の目的や事業の内容を国家が定置するのではなくて、多様な主体が、これまた多様な学習機会を提供するとともに、行政の主要な役割を学習情報の提供や相談事業に限定しようという市場モデルによる学びの個別化政策への転換であった。つまり、基本原理からいえば、国家的公共性を自ら否定する政策への転換である。

こうした市場化をすすめる力として、まず、新自由主義のイデオロギーにもとづくグローバリズムの力がある。日本における教育政策は、これまでも経済界の大きな影響をうけてきた。しかし同時に、国民国家の枠組みのもとで政策の対抗軸がつくられてきたからこそ、国民の教育運動や官僚の固有の論理が防波堤の役割を果たしてきた側面があるのではなかろうか。いまや、グローバリズムのなかで、この権力の関係は決定的に変化しており、それが学校教育や社会教育を変容させつつある[4]。

周知のように、ユネスコやＯＥＣＤなどの機関が国際的な成人教育の政策形成において大きな役割をはたしてきたし、私たちも学習権宣言や参画型社会を支える能動的市民の陶冶と結びつく政策について注目してきた。他方、行財政改革と連動した日本の社会教育行政の変容を促す大きな力となっているにもかかわらず、これまで教育政策への市場原理を強力に推進するＷＴＯ（世界貿易機関）の役割については看過されてきたのではなかろうか(Rikowski,2001)。例えば、このＷＴＯの協定付属書にあたるＧＡＴＳ「サービスの貿易に関する一般協定」において教育サービスの市場開放が求められている。ここにおける政策形成では、ＷＴＯに対する多国籍企業や国際資本のロビー活動が活発に行われ、この政策が加盟国の公共政策、とくに教育改革に反映している。

ここで詳述する余裕はないが、私たちはＷＴＯにおける貿易の自由化とは工業製品や農業関係に関わる問題であるとみなしてきたが、ここでは学校教育や成人教育も消費サービスと定義され、交渉における最大の関心事の一つとなっている。ここでは「越境取引」（例えば、e-learning の問題が扱われる。以下、同じ。）「国外消費」（留学）、

「商業拠点」（教育ビジネス拠点形成）、「人の移動」（教育人材の自由移動）などの課題にそって市場開放がすすめられる。教育はサービス部門における最大の貿易商品としてすでに実績があり（イギリスの貿易額では二〇〇〇年度で六七〇億ポンドといわれる「輸出産業」である）、経済・教育のグローバル化のなかで、先進国と途上国、英語圏と非英語圏という格差と対立を内在させつつますます拡大する資本の投資市場なのである。

生産性・効率性・収益性――ヒトのいない教育

ところで、教育が投資の対象となるには二つの条件がいる。第一に、そのサービスは公共財ではなくて、私的財（排除財）でなければならないこと、第二に、そこで生み出されるものが付加価値をもつ「商品」でなければならない。公共財が貿易の対象とならないとすれば、規制緩和をとおして公教育の市場化をすすめることが不可欠であることは論をまたない。つまり、市場で交換されるためには、教育活動自体を経済活動そのものに転換する必要がある。企業による学校設立・運営、事業の委託化、受講料徴収、指定管理者制度などは、国際的圧力のなかですすめられる公的教育のプライバタイゼーション、市場開放の基盤づくりとしての意味をもつ。

こうして教育活動は経済用語で語られるだけではなく、この改革では経済的価値の追求があらゆる制度・機関に求められる。国際的な経済競争のなかで先端的技術の開発が決定的な要素となり、科学技術政策が国家的戦略の要となっている。例えば、国家間競争の重要な契機として大学改革が迫られているが、そこでは「生産性」「効率化」「質のコントロール」「選択」「ナショナル・スタンダード」「説明責任」が求められ「コストの削減」が図られる。まず、国際的な市場化をすすめるため、教育と研究の質を評価する「統一基準」がつくられ、この基準にもとづき、「テストの厳格化」により「出口管理」を実施し、成績の芳しくない学生は「不良品」として「廃棄」することが求められる。

知識社会への移行のなかで、人的資本への投資としての教育に期待が寄せられる。国際的な競争に打ち勝つ知識や技術開発のために、安い労働力は海外に求め、技術開発や管理機能を担う一握りの優秀な学生が産出できればいいのかもしれない。その結果、教育や知識に対するアクセスの不平等を顕在化させ、人びとを新たに社会的に排除する契機となることも織り込み済みというところであろう。しかも、生涯学習政策、生涯職業能力開発施策をとおして挑戦の機会はすべての人びとに開かれているのだ。だからこそ、そこでの敗北は個人の能力や意欲の欠如として理解されることになる。

三　市民社会と成人の学び

市民社会とエージェンシー

シアトル市調査の際に、バンクーバーまで足を伸ばしてみたことがあるが、そのとき、「社会正義を求める市民集会」の遭遇することができた。社会正義（social justice）、この言葉が私にとって印象的であった。この集会には教職員組合など労働組合、社会主義運動の団体、カソリックやプロテスタントの宗教団体、女性運動やホモセクシュアルの人たちの団体、少数民族の人権団体などが名を連ねていた。それぞれ運動の目的も、運動の方向性も異なる団体や個人が「社会正義」を求めて横につながりつつあることを示している。

彼らは、当為としての社会的正義を描きつつ実践を行うことはない。そんなことをすれば、おそらく異見続出で運動は拡散して消滅することはまちがいないだろう。彼・彼女たちが問題とするのは、それぞれの視点からの

「不正義」である。例えば、公共費を削減しようとする州政府の「不正義」であり、人種や性にもとづく差別という「不正義」であり、戦争に加担しようとする政府の「不正義」なのである。つまり、不正義であるかを特定化する作業もまた、先見的にではなく、あくまで民主主義の実践、すなわち直接の当事者を越えた多くの人々の理解や同感にもとづく開かれた討議や実践のなかですすめられる（セン 2000）。こうして異質で、かつ多様性をもちながらも、共通の目的をもって広場に集まることによって拓かれた公共空間が形成されつつある。

こうした対話的実践をつうじて新たな価値を形成しつつ、公共的決定に参加するだけではなく、自由な社会的空間をつくりだすことによって、主体性を発揮する人、行為主体としての意思と能力をもつ人、これをA・センはエージェンシーと呼ぶのである[5]。

実践コミュニティと民主主義の学び

先に指摘したように、グローバルな時代において権力の問題がクリティカルになる。つまり、ユネスコやOECDそしてWTOなどの政策形成において国際資本の力が大きくなるが、これに対抗する力はどこにあるのか。もはや個々の国民国家にその力がないことは明らかであろう。NGOやNPOなどの市民組織の国際的なネットワークと民主主義の力しかありえない。

ハンブルク宣言など、生涯学習社会像の前提となっているのは、このようなエージェンシーとしてNGOやNPOなどを構成する公共的な活動に能動的に参加する市民像である。教育政策・実践として注目されつつあるシティズンシップ・エデュケーションやサービス・ラーニングも、こうした権利と責任とを社会的に担いうる市民性を育成するという課題意識をもつものであるが、そこで大切なのは、個々人がただボランティア活動やコミュニティー・

サービスに参加することではない[6]。問題は、具体的な社会的課題解決に向けた共同性や連帯にもとづく実践への参加であるのか、それが民主主義の実践であるのかどうか、ということが問われる必要がある。というのは、民主主義の学習は民主主義を遂行することと切り離すことはできないからである。多様な社会的課題をめぐり自主的で、自発的な活動によってこの諸課題を解決するだけではなく、この実践のなかで仲間や市民との対話をとおして信頼関係をつくり、また、新しい考え方や知識そして価値を学んでいく過程への参加が求められる。

私たち社会教育研究者・職員は、これまで公民館や学習講座における学習実践を中心に理論を構築してきたが、これまで以上に、実践コミュニティとしての、これら市民社会を担う諸組織が提供するノンフォーマルないしはインフォーマルな教育実践を理解したり、それとの連携・協働をつくりあげることに意識的に取り組む必要がある。つまり、グローバルな時代における成人の学びを考えるとき、公民館や社会教育事業における学習グループの学習者間の水平的関係の形成や意識変容のための学習方法論にとどめるのではなく、社会的文脈のなかに定置しつつ学習活動とそれを支援する際の専門職員の役割が検討されるべきである[7]。

グローバルな学びのネットワーク

いま、この原稿を書きながら大学院生の研究室の掲示を見ると、この二週間のうちに開催される三つの講演会が紹介されている。一つは、「女性差別撤廃条約日本レポート仙台報告会」で国連差別撤廃委員会委員のシャムシア・アーマッドさん（インドネシア）の講演、もう一つは東北グローバルセミナーで「アジアの持続可能な開発課題」をテーマにカンボジア環境省のキュー・ムット氏、インドNGOのベンカット氏、モンゴル自然環境省ナムカイ氏などをゲストとするシンポジウム、最後に、「女性たちの戦争と平和資料館」設立に向けた「平和と非暴力の未来に向けて」の講演会がある。すべてNGOやNPOなど社会運動としての取り組みであるが、まさに社会正義の実現に向けたグローバルな学習の可能性をつくりあげている。

第一に、ジェンダーをめぐるグループが実践し、この実践についての省察(reflection on practice)をする際に、いま、私たちは日本の経験ばかりでなく先進国・途上国など海外の経験から深く学ぶことが重要であろう。しかも、この講演会の案内のように、グローバル化のなかでこうした学習機会は市民に大きく開かれている。

第二に、ジェンダーの意識化や学習のグローバル化という意味では、国際的機関や会議における議論が大きな影響をもっていることはいうまでもなかろう。一九七五年のメキシコでの最初の「世界女性会議」以来、アジアでは一九九五年の「世界女性会議」の「北京宣言」と「行動綱領」における「人権」としての女性の権利の確認や女性の政策・方針決定過程への参画や権力へのアクセスの機会の平等を求める提言などは、日本の女性運動の活性化や男女共同参画基本法の制定そして私たち研究者の課題設定にも大きな影響を与えてきた。

第三に、ジェンダー教育についても公民館の講座や自主講座のなかで積極的に取り組まれてきた。しかし、他方では、女性運動や社会運動をしている人びとは公民館や社会教育施設を利用することはあっても、社会教育職員や利用者と積極的に関わることは比較的少なかったのではないか。しかし、すでに見てきたように、実践コミュニティとしての女性運動や環境運動などにおける学びは、これまでの学習観の転換をせまるものがある。それは「生活全体をとおしての学び」(learning throughout life)としてとらえられるものである。こうした社会運動におけるノン・フォーマルあるいはインフォーマルな学習と社会教育行政における学習、学校教育とのネットワークを構築することが求められよう。

こうした社会運動の意義は学習の可能性の拡大にとどまらない。グローバリズムは、階級や階層、青年と成人、成人と高齢者など境界の揺らぎをつくりだし、集合的アイデンティティの解体をもたらしている。つまり、諸個人のアイデンティティの危機でもある。したがって、諸個人は自らの経験を省察しつつ、自らの価値観やパースペクティブを再構成し、つねに自らのアイデンティティをつくりあげることを求められているのであるが、こうしたローカルな、ときにグローバルな関係のなかで実践される学習をとおして、新たな質のパースペクティブの変容、アイデンティティ形成のプロセスがつくられる。

おわりに

グローバリズムの力は巨大であり、その影響は私たちの生活をまだとらえはじめたばかりの段階といえよう。それは「不可逆的」であり、「必然的」な過程であるとイデオロギー的にはいわれるが、それは、すぐれて私たちの政治的選択の問題である。しかも、この選択の方向は、国民国家における制度的民主主義だけではなく、パーソナルな私たちの意思とローカルなレベルでの私たちの民主主義の実践、グローバルなレベルでのネットワークの力にかかっている。

実践コミュニティは学びのコミュニティでもある。この実践のなかでメンバーの対話と活動をとおして相互の信頼が形成される。異質の、かつ多様な社会的使命をもったネットワークが地域社会のなかに幾重にも集積し、しかも、地域、国境を越えてそれらが横につながりつつ、こうした開放的関係のなかで市民はグローバルな学びをつくりあげている。実践コミュニティは、新しい社会秩序の形成という岐路にあって、グローバルかつローカルに、考え行動する主体（エージェンシー）を形成する、グローバルな時代における新しい学びを構想し実践する基盤である。

註

1　国旗・国歌の強制、「奉仕活動」の義務化への動きなど国民としての権利ではなく、責任の強調などをみれば明瞭なように、依然として、国民国家の役割が強調されている。だからこそ、グローバリゼーションのイデオロギーといえるのである。

2　詳しくは、高橋満（高橋 2002）を参照。

3　生涯学習政策の性格の転換については、佐藤一子（佐藤 1998）が鋭く指摘している。

4　この点で重要なのは、社会主義体制の崩壊によって、社会的権利や社会的公正を守るインセンティブが解体し、国内的にも「規制緩和」や「消費者主権」の確立を唱和しつつ、市場原理を貫徹した社会制度改革を断行しうる体制がつくられてきたことであろう。

5　アマルティア・セン（セン 1999）及び桂木隆夫（桂木 1995）を参照。

6　日本における奉仕活動の義務化の動き、さらに、アメリカでも新自由主義や保守主義もボランティア活動やサービス・ラーニングに熱心であることをみてもわかるであろう。

7　メジローなどのパースペクティブ変容の学習では、社会的文脈を捨象して学習者を理想化しているという批判や個人の意識変革と社会変革との結合について「淡い期待」を寄せつつも、不平等や不正義を孕む社会制度は温存され、人びとは再びシステムに統合される結果となる、という批判がある。さらに、意識変容に職員が介入する（ファシリテートするというが）こと自体に違和感をもたざるをえない。実践のなかでの成人の学びについては、高橋満（高橋 2003）を参照。

Ⅷ　公共性の揺らぎと社会教育のガバナンス

一　改革と社会教育の変容

新しい公共性の指摘

中央教育審議会生涯学習分科会の審議の中間まとめが発表された（平成一七年三月）が、そのなかで生涯学習を振興していくため、①「個人の需要」と「社会の要請」のバランス、②「人間的価値」と「職業的知識・技術」の調和、③「継承」と「創造」の三つの基本的考え方を確認している。

こうした基本的考え方や、「職業能力の向上」、「家庭教育への支援」「地域の教育力の向上」「健康対策等高齢者への対応」「地域課題の解決」などの「今後重点的に取り組むべき分野」の指摘自体は妥当性をもつかのように見えるところがある。これは、中央教育審議会が平成一五年三月にだした答申で新しい「公共性」の形成がだされたのを受けたものであり、生涯学習市場をつくって教育文化産業の育成を図ろうとした一九九〇年代初頭の政策と離れたような印象を与える。

しかし、そこでは国民は「ともすれば行政に依存しがちな発想」をもっていたと、批判的にとらえられている。だからこそ、一方では、「国民各個人が可能な限り、職業を持つことなどにより、自立し、社会において健康で文化的に生涯を送ることが重要である」と、憲法で保障された「健康で文化的な生活」の保障を「権利」としてとらえるのではなく、周到に「義務」として理解されるよう転換がはかられる。他方、「国家・社会の形成に主体的に参画する日本人の育成」ということが提言されている。ここにみるように市場と国家、グローバル化とナショナリズムが奇妙に絡まって複雑な様相を呈しているのが現段階の特徴の一つである。したがって、政策の言う、新しい「公共」の創造ということ自体を吟味することが決定的に重要な論点となる。その際、社会教育の領域でもっとも重要な論点の一つが「指定管理者制度」である。これに焦点をあてて検討してみよう。

社会教育行政の民営化

社会的サービスの民営化には、市場化、地域委託、そして私化という三つの形態がある。

一九八〇年代から本格化する生涯学習政策は、学びの市場化政策としての性格をもち、教育文化産業、レジャー産業育成政策として構想されたが、いわゆるバブルの崩壊によって挫折することになる。しかし、その後も、受講料の有料化や営利を目的とした企業への公民館の開放をとおして市場化の基盤が整えられてきた。これとは異なる社会行政の変容として管理運営をめぐる民営化がある。

社会教育行政の領域では、まず、コミュニティ政策の一環として、公民館をコミュニティセンター化して地域組織に委託するという手段がとられた。これが一九七〇年代である。山形県鶴岡市のコミュニティセンター化は公的社会教育の解体として厳しい批判が展開された。一方、政令指定都市を中心にとられたのが、自治体出資財団を使っての施設の管理委託という手法である。行財政改革という圧力のもと、教育委員会直営から財団への委託という形態が全国に広がった。

いま、問題となっている「指定管理者制度」は、これまでの民営化をさらに一歩進めた新しい段階を画する性格を持つ。ここでは、サービスの市場化や民間的手法を使うということにとどまらない。従来は行政が施設を設置し、それを管理することが前提とされてきたが、政府（自治体）と管理とを分離しつつ、管理権限を企業など民間にゆだねるものであるからである。

二　指定管理者制度の現在

「指定管理者制度」の仕組み

一九九〇年代の半ば以降、行政改革と地方分権化のなかで行政の役割の再定義がすすめられ、民間への委託をすすめる制度が整備されてきた。「地方分権一括法」（一九九九年）を受けて社会教育法など関係法令が改正された。社会教育施設をめぐっても、「公民館設置及び運営に関する基準」の改正（二〇〇三年）、「公立博物館の設置及び運営上の望ましい基準」の改正（二〇〇三年）、そして「地方自治法」の改正（二〇〇三年）など矢継ぎ早に改正がすすめられた。こうした流れのなかに「指定管理者制度」は位置づく。あまり関連が指摘されることはないが、いわゆる「特定非営利活動促進法」（一九九八年）もこうした再編の受け皿の法的整備としての側面をもっている。

では、この「指定管理者制度」が民営化の新たな段階を画する仕組みだというのは、どのような意味であろうか。従来の「業務委託」「管理委託制度」では、その委託先は地方公共団体の出資する法人に限られていた。その委託はあくまで私法上の契約にもとづいて業務を委託するものであり、管理権限は地方公共団体が依然としてもっていた。ところが、「指定管理者制度」では、行政処分として選定された「指定管理者」が施設の管理権限を含めてもつことになる。具体的には、「指定管理者」には財団だけではなく、民間企業、地域団体、NPOなども参入しうるし、利益をだすために利用料金も自ら設定する（自治体の承認をえてであるが）ことができるような制度設計となっている。

しかも、総務省は二〇〇六年九月までに現在委託している公の施設、さらに直営の施設など、その廃止を含めて管理のあり方を再検討するように指示をだしている（総務省「地方公共団体における行政改革の推進のための新たな指針」二〇〇五年三月）。自治体のなかには「指定管理者制度」に移行しなければならないのだ、という誤解もあって、十分な検討や議論もなく導入が急速にすすむことが危惧されるところである。

「指定管理者制度」導入の現状

「指定管理者」は、いままさに動いており、その導入の現状を正確にとらえることはできない。三菱総研の「パブリック・ビジネス研究会」が二〇〇四年六月に行った調査によれば、全国で三五三件の事例があり、そのうち構成比率が高いのは「公民館・コミュニティセンター」の一五％、「スポーツ施設」の一四％と多いが、福祉施設は「高齢者福祉施設」（九・九％）「その他社会福祉施設」（八・五％）「児童福祉施設」（七・四％）「障害者福祉施設」（六・二％）というように「指定」がすすんでいることがわかる。とくに「公民館等」「スポーツ施設」など社会教育関係施設で量的にもすすんでいることが確認できる。ここには分類されていないが、むしろ目立つのは「図書館」や「女性センター」も「指定管理者」のターゲットとなっており、「図書館」は東販など図書流通企業、「女性センター」はＮＰＯなど、そして「公民館」は東北地区では地域委託が主流となっている。

このように導入はさみだれ式にすすみつつあるが、自治体内での検討と準備は十分ではない。先の研究会では、「指定管理者制度導入時の懸念事項」を調べているが、多い項目は「業務の水準、管理の仕様を策定するのが困難」が四六・一％、「管理業務について、公民の役割分担が庁内で整理されていない」が三九・四％、「サービス水準を監視（モニタリング）するシステムがない」が三七・八％という状況である。そもそもサービスの質や内容を仕様書として策定できるかどうかも疑問であるが、それがなければ「指定管理者制度」の仕組みそのものが動かないはずである。事業者は何を基準に申請するのだろうか。行政はどのように評価するのであろうか。その結果、質の低下のリスクがでた場合、業者の入れ替えや損失の請求がなされるから「競争」となるにもかかわらず。あまりに拙速に制度導入だけが国際公約として急がされていることは明らかである。

「指定管理者制度」導入の背景

この「指定管理者制度」導入の趣旨は、一般に、次のように説明されている。つまり、「住民ニーズの多様化に対して効果的、効率的に対応する民間業者の能力を活用する」ということである。また、この制度導入に期待を寄せる経済界は、「競争による効率化で高品質なサービスの提供により、行政にとっては効率性、市民にとっては多様で高品質なサービス、民間にとってはビジネスチャンス」という「トリプルウィン」を実現する理想の仕組みであると宣伝をしている（三菱総研「パブリックマネージジメント研究会」）。産業界にとって、この「市場」は大変な魅力であることは確かであろう。なぜなら、市場規模は少なく見積もっても二兆円、潜在的な規模は一〇兆五千億円を超える可能性があると率直な期待を表明している。

先ほどの企業がいう「効率性」とはどういうことであろうか。行政改革のなかでこの制度がだされていることはいうまでもない。研究会では次の三つの点を指摘している。①厳しい財政状況を背景とした行財政改革の徹底ということ、②団塊の世代の地方公務員退職後に対応しうる新しい行政体制の構築、そして③退職した団塊世代の有効活用である。だいぶ話が違っていることに気づくであろう。財政状況の厳しいなかで、効率性を高めることは大切である。公務員の世代的な歪みをいかに乗り越えるのか、ということも現実的な課題である。しかしながら、肝心の市民にとって、この制度はどのような意味を持つのだろうか。私たちは「有効活用」の対象としか見られていないようである。

もう一つ、ここで「指定管理者制度」が導入される背景について指摘しておきたい。それは国際的な圧力があるということである。周知のように、ユネスコやＯＥＣＤなどの機関が国際的な成人教育の政策形成において大きな役割をはたしてきたし、私たちも学習権宣言や参画型社会を支える能動的市民の陶冶と結びつく政策について注目してきた。他方、行財政改革と連動した日本の社会教育行政の変容を促す大きな力となっているにもかかわらず、これまで教育政策への市場原理を強力に推進するＷＴＯ（World Trade Organisation）の役割についてはあまり注目されていない。しかし、教育サービスも貿易の対象として市場の開放が強く求められている。例えば、このＷＴＯの協定付属書にあたるＧＡＴＳ「サービスの貿易に関する一般協定」において教育サービスの市場開放が扱われていることに私たちは気づかない。

私たちはＷＴＯにおける貿易の自由化は工業製品や農業関係に関わる問題であるとみなしてきた。ところが、学校教育や成人教育も消費サービスと定義され、最大の関心事の一つとなっている。ここでは「越境取引」（例えば、e-learning の問題が扱われる。以下、同じ。）、「国外消費」（留学）、「商業拠点」（教育ビジネス拠点形成）、「人の移動」（教育人材の自由移動）という課題にそって市場開放がすすめられようとしている。日本も協定に参加しているが、参加国の義務とは、市場の開放の障壁となるような制度を撤廃することが求められる。ところで、教育が投資の対象となるには二つの条件がいる。第一に、そのサービスは公共財ではなくて、私的財（排除財）でなければならないこと、第二に、そこで生み出されるものが付加価値をもつ「商品」でなければならない。公共財が貿易の対象とならないとすれば、「規制緩和」をとおして公教育の「市場化」をすすめることが不可欠であることは論をまたない。教育活動自体を経済活動そのものに転換する必要がある。企業による学校設立・運営、事業の委託化、受講料徴収、「特定事業者制度」などは、公的教育のプライバタイゼーション、市場開放の基盤づくりとしての意味をもっている。

三　新しいガバナンスへの展望

行政の責任放棄・雇用の不安定化

「指定管理者制度」はすでに実施段階に移っている。その意味では、制度そのものの問題とともに、制度を前提としてどのような改善が可能なのかを検討する必要がある。その際に、この制度が、新公共経営論などの自治体経営論の動向と結びついていること、そして、これがコラボレーティブ・ガバナンス論やパートナーシップ・ガバナンス論などＯＥＣＤなどの国際的な議論の変種として導入されていることをみておく必要がある。変種というのは、国際的な議論を歪めて制度化を図っているということであるから、そこに可能性を見出すことできよう。

「指定管理者制度」の一番の問題は行政と民間(企業、NPOなど)との間の役割分担を曖昧にするところにある、と私は考える。大切なことは、行政と民間が相互に得意なところを持ち寄って、相互に補完しつつ、協働しながら、より柔軟で質の高いサービスを提供することであり、とくに、行政がどのような役割を果すのかが問われる。今の制度で想定されているのは、行政は選定した業者にすべての運営管理業務をゆだね、その成果を評価する関係である。この結果、危惧されるのは、①行政が「公の施設」の運営管理能力を失ってしまうこと、②競争が優先され、図書館、公民館など公的施設間のネットワークを解体すること(情報交流、相互協力、職員研修などをとおして市民サービスを支えてきた)、③長期的視野で専門性やサービスの質を向上させようというインセンティブが解体すること、などである。

ひな型にしたといわれるイギリスの図書館の例では、行政は図書館の本来業務(①図書館の運営管理、②渉外業務、③リファレンス業務、③運営資金の管理・運用、④会計・決算、⑤ボランティアを含むスタッフ全体の人事管理業務、⑥購入図書の選定、⑦開架・閉架書庫への図書の配分、⑧廃棄図書の選定など)を受けもち、事業者は専門性をもつ支援業務に徹するという役割分担がとられている。先の危惧されることからいえば、当然の考え方ではないだろうか。

労働組合は雇用の不安をもたらすことを指摘している。これまで行政の外郭団体として民営化を担ってきた財団職員の雇用の危機をもたらすことは容易に想像がつくことである。「指定」の期間も三年〜五年ということであれば、更新のたびに雇用不安の問題が再燃する制度である。しかも、既に繰り返し指摘されてきたように、これらの非常勤職員の多くは女性という実態があった。退職した男性が労働力として「有効活用」され、またしても女性にシワ寄せが強いられることになりかねない。

求められる視点――市民参加

これまでの民営化と「指定管理者制度」はどう異なるのだろうか。何よりもガバナンスの再編であるということである。それは行政と市民との関係を大きく変える改革となるであろう。このままでは危惧されることも少なくないが、同時に、企業だけではなく、多くのＮＰＯが別の視点から可能性をみていることも確かである。それは現状の行政による直営、もしくは財団による運営に問題が少なくないということでもある。学習権を根拠に行政一元化に固執することはできないし、理論的にもまちがいではないか。大切なことは、行政の本来の役割とは何かをはっきりさせることであり、その本来業務にふさわしい体制を整備することである。

本来、コラボレーティブ・ガバナンス論の真髄は、計画・意思決定、実施、評価という一連の諸過程に市民が実質的に参加するガバナンス・ボディーをつくるところにある。分権化とは政府間だけではなく、自治体内においても分権の視点をもつことが欠かせない。つまり、市民への権限の委譲である。とりわけ、公民館や図書館など一定の地域を単位に整備されている施設については、行政、住民・組織、企業などを含めたコラボレーションをつくることが重要であろう。

その上で、第一に、市民参加のもとで現在の管理運営の評価をきちんとして、課題があるとすれば、その解決の方向を議論することが不可欠である。「指定管理者制度」は、その選択肢の一つにすぎない。第二に、運営管理の丸投げは行政の役割の否定につながることになる。行政固有の役割をはっきりさせること、その際に、専門職をどう位置づけるのかということが重要な検討の課題となる。

社会教育施設は、できあいの教育サービスを市民が消費するファーストフード店ではない。貸館だけならいいのかもしれないが、効率（安い）だけではだれも見向きをしない施設となるのは必定である。それは職員と市民とが協働してつくりあげる学びの拠点でなければならない。

IX　教育改革と社会教育の新しいガバナンス

はじめに

戦後五〇年を経て、社会教育の制度的基盤として施設・専門職員の充実が図られるとともに、社会教育実践の豊かな蓄積がつくられてきた。このような社会教育の制度化にあたって、福祉国家体制が大きな意味をもってきたが、それは、二〇世紀が資本主義経済を基調としつつも、これに対抗する有力な選択肢として社会主義体制が存在してきたからにほかならない。しかし、二一世紀、私たちは、もう一つの選択肢を明確な形ではもたない時代に突入した。

ところで、「教育改革」とは何を意味するのであろうか。そして「改革」では、何が問われるのであろうか。まず、このことを整理することからはじめよう。教育改革は、基本理念の大きな転換、教育制度を支える仕組みをつくりあげる原理の根本的な転換という点で、さしあたり政策の変化と区別される。戦後五〇年間のなかで政策の大きな変化は幾度もあった。しかし、理念及び仕組みの転換という意味で改革というにふさわしい変化は、戦後すぐ民主化を課題として行われた改革、そして、一九八〇年代にはじまる生涯学習体系化への移行だけであったといってよかろう。だからこそ、いま、社会的権利としての社会教育の保障が揺らぎをみせつつあるなかで、社会教育のあるべき新たな姿を積極的に提示することが求められる。

こうした理念や原理の転換を求めるものは何か。端的にいえば、国民国家を前提とした諸制度が、経済のグローバル化のなかで根本的な見直しを迫られているということであろう。社会構造改革がすすめられ、その一環として教育領域でも基本理念や制度の転換が意図的にすすめられつつあるところに現代的特徴の一つがある。福祉国家体制の自由主義的改革がすすめられつつあり、そのなかで従来の教育制度をめぐる理念や基本原理が大きく変えられようとしている。この意味で、「教育改革」というにふさわしい転換なのである。

本章では、まず、グローバリゼーションが社会教育に与える新たな挑戦を整理し、これへの政策的応答として展開される教育の市場化戦略の特質を明らかにする。次に、こうした状況に対してグローバル・シティズンシップにもとづく社会的実践と学びの関係を確認する。これらをふまえ、最後に、参画型社会を支える公的社会教育改革の原理を社会教育のソシアル・ガバナンスとして提示したい。

一　グローバリゼーションと教育政策の形成

グローバリゼーション下における国民国家

グローバリゼーションと社会教育をめぐり、まず、私たちが確認しなければならないことが二つある。第一に、グローバリゼーションの過程を、文化的、経済的に不可逆的であるという決定主義的にみることは誤りである。

これこそがグローバリズム、すなわち、グローバリゼーションをイデオロギーとして推進するレトリックである(Henry 2001: 88-89)。第二に、グローバルな時代における国民国家の役割をめぐる問題である。グローバルな時代にも、政府は、国民的なものでありつづけるのであり、また教育は、政府にとって中心的な課題である。確かに、ある側面では、グローバリゼーションは古き国民国家の基礎を掘り崩す。しかし、「国民国家は、法律、ガバナンス、政治、そして民主的な組織の主要な所在地でありつづけている」のであり、したがって、正確に言えば、「国民国家はいまやグローバルな経済的なプレーヤーのパートナーとなっている」(Marinson 2002: 26)。国家はグローバリゼーションの「産婆役」として重要な役割を演じつづけており(Blackmore 1999)、社会教育行政が大きな岐路にあるとき、研究と実践の戦略点は、依然として国民国家にあるからでもある。

しかしながら、ここで大切なことは、教育における国家の役割がグローバリゼーションのもとで大きく変化していることを正しくつかむことであろう。

第一に、グローバリゼーションを主導するイデオロギーは新自由主義、市場至上主義であり、この結果、平等を求める普遍的な福祉国家プログラムは市場により侵食され、失業と収入の格差や教育における不平等が増大する。つまり、福祉国家レジームの解体と再編がすすめられている。

第二に、自由主義的改革は両義性を内在させている。かつて排除されていた女性や高齢者やマイノリティたちの参加を図りながら、シティズンシップの普遍化がおしすすめられる。それは、一方では、国民という名のもとに差異やローカルなアイデンティティを抑圧する傾向をもつが、他方では、差異の力を高めたり、ローカルな自己意識を高める役割を果たしてきた。つまり、グローバリゼーションに対抗するものとしてローカルなものがあるのではなくて、自由主義的改革だからこそ両者は手を携えてすすみつつある、ということをつかむ必要がある。

しかしながら、第三に、それは国家の役割の後退というほど単純なものではない。むしろ、政府の介入はより洗練さを高めてきたということができよう。つまり、国家のねらいは、大量の財政的支出や直接的な公的セクターの整備にはもはやおかれていない。政府は、「規制」、「インセンティブ」、「評価」などの手法を使い、自律的個人、NPOなどの自律的な組織、NGOなど非政府機関の「自主的」・「自発的」活動が政府の目的に一致するように遠距離から操作しようとする。

かつて「公的」であったものと「私的」なものとの境界が部分的に解体しつつ「私化」される。ここで特徴的なものは、自己規制（self-regulating）、選択すること（choice-making）、自己責任をともなった個人（self-reliant individual）であり、教育をとおして、こうした自律した個人をつくることが期待される（Marginson 1999: 25）。

人的資本論の再興――教育政策の基本的性格

一九六〇年代から一九七〇年代にかけて、先進諸国では教育政策は国民国家という枠のなかで形成され、かつ階級形成と富の社会的配分の主要な闘争の場でもあった。この時期、教育へのアクセスの民主化を求める声に押されて教育機会の拡大と平等ということを中心に政策が議論されてきたことはいうまでもない。こうした視点は、少なくとも一九八〇年代から一九九〇年代までつづいてきた。メリット原理にもとづく教育へのアクセスと移動をとおして、階級間の格差の解消を図ろうとしてきたのである。

したがって、この時期の政策の目標は平等の実現ということであり、それは国民の権利として保障されるべきものとして理解されてきた。それは国際的な議論ではシティズンシップの概念でとらえられるものであり、日本では「権利としての社会教育」という理念がよく時代精神を示している。つまり、女性運動も、社会的不利益層の運動も、そして教育運動も権利とニーズの要求にもとづいて公共政策をめぐる活動を展開してきた[1]。しかしながら、いまや教育政策は、「新自由主義とグローバルな国家主義との混合」「グローバルな資本システムへの統合と国民的アイデンティティの維持」ということが基本的な性格となっている（Henry, 2001, 96）。

一九六〇年代がそうであったように、いまや教育は経済政策と結びつきつつ、人的資本論のもとに、政府のもっとも重要な政策課題の一つである。しかし、一九六〇年代のそれとは決定的な変化がある。つまり、いま、OECDの教育政策の目標は平等を求めるものではなく、知識産業（knowledge-incentive industries）、知識経済への移行や経済的な競争を最大限にするための手段に化している。この手段として生涯学習戦略が注目されるのであるが、そこでは①経済的な競争力を高めること、②市場原理にもとづく学習の配分をすすめること、③エンプロイアビリティを高めるために個人が責任をもつこと、という三つの要素が求められる。

学習の市場化原理のもとでは、学習とは、学習者相互の関係ではなくて、いまや消費者と販売者、消費者と供給者との関係に変容している。つまり、市場原理が導入されると、学習の価値には価格が与えられ、それへのアクセスは支払能力に依存する。

こうして、国家と個人との関係そのものの再調整が図られる。教育政策の目標は、国家の責務として人びとの平等の実現を図るということではなく、個人の責任をとおしてエンプロイアビリティを高め国家間の競争に打ち勝つことにおかれる。グローバリゼーションはナショナリズムを高揚させる側面があり、こうしてリベラリズムとの奇妙な融合をみせることになる。そこにおける国家の役割は、もはや、セイフティ・ネットを保障することではなく、せいぜいのところ職を「安全に」移動する「トランポリン」（＝生涯学習機会）を用意することにおかれる（Milles, 2002, 349）。

学ぶとは「権利以上のもの」のはずだが、リスクを回避するために人びとを絶えず個別的な競争に駆りたてる「道具」の地位におかれることになる。

グローバルな政策形成

教育政策とは、「権力により支持された教育理念」（宗像 1961）として理解される。これまで、この権力は国家に付与されており、したがって、各国の教育政策、社会教育政策は、国民国家を前提とした公民育成という課題を担いつづけてきた。しかし、日本の経験からしても、明治国家形成期の教育政策、戦後の教育制度の形成に見るように、諸外国の教育理論や教育政策が大きな影響をもちつづけてきた。

これらの時代における教育政策への国際的な影響をめぐる伝統的メカニズムを「政策の学習」（policy learning）や「政策の模倣」（policy borrowing）とすれば（妥当性の範囲は国家におかれる）、グローバリゼーションにおける教育政策への影響は異なる次元をもつ。ダール（Dare, R）は「協調」（Harmonization）、「普及」（Dissemination）、「標準化」（Standardization）、「相互依存」（Installing Interdependence）そして「強制」（Imposition）の五つの類型を提示しているが、少なくとも他の四つの類型が参加国の「自発性」を特徴としているのに対して、「強制」では「政策目標」の達成は任意ではなくて、強制力をもつ。これが他の類型と異なるのは、次の二つの点である。つまり、特定の政策に関して参加国に強制することのできる唯一のメカニズムであり、望ましい変革をもたらすために「学習」とか、「普及」とか、「協調」する必要のない唯一のメカニズムである（Dare,1999）。そこでは、権力は国家から他の超国家的組織（supranational organization）に譲り渡されている。

こうした日本を含む各国の教育政策に大きな影響力をもってきた国際的な機関としてＯＥＣＤがある。周知のように、一九六〇年代から一九七〇年代にかけてＯＥＣＤは生涯学習の戦略としてリカレント教育を唱導してきた。もともとＯＥＣＤは、以下のような性格をもつと自己規定されている。

ＯＥＣＤは超国家的な組織ではなくて、政策立案者たちが出会い、諸問題を議論する場である。そこで政府は、自分たちの見解や経験を交換しあうことができる。……その役割は学術的なものではないし、また、ＯＥＣＤの見解を押しつける権威をもつものでもない。その力は、あくまで知的な追究する能力から生まれるものである（OECD 1985）。

この時代、ＯＥＣＤに集まった国際官僚は社会民主主義の理念のもとに教育における階級間・階層間の平等を実現する手段としてライフコース・アプローチをとって政策をすすめようとしてきた。彼らは、学問領域的には社会学や教育学をベースとする教育の専門家であるだけではなくて、社会民主主義の理念に共鳴する社会改革者でもあった。しかしながら、国際官僚内部の構造的な変化がみられる。これらの官僚は組織を去るか、「ラディカル」だとして排除される一方、これに経済学者がとってかわり、マネージャータイプの官僚たちが権力を握ることになる（Henry 2001）。しかも、この間に、ＯＥＣＤの役割も先のような一つのフォーラムの場を提供したりコンサルテーションをする機能から政策形成の能動的なアクターへの転換がみられる。

ダールは類型化を強調するあまり相互関連を重視していない。ここでいう「相互関係」とは、これら国際的機関相互の政策協調であり、これを支える国際官僚の人的な相互交流である。具体的には、世界銀行などで養成され、働いた人材がＯＥＣＤに採用されるなど、人的交流が活発に展開されている。こうして、同じ政策が異なる機関で同時に採用される傾向が強まっている。これがグローバルな時代における政策形成の特質である。

グローバリゼーションは、経済的な側面を中心にして浸透しつつあるが、既述のような、その政策的応答についてもＯＥＣＤや世界銀行など国際的諸機関における議論をとおしてつくられるため、共通した側面が少なくない。それは労働市場の再構造化や個人主義的消費エトスの称揚を基盤として、市場原理にもとづくサービスの提供、公的なものの契約化、受益者負担の原則の強調、公的機関の企業化・民営化などの諸側面にみることができる。

二　社会教育のガバナンスの再編

自由主義的改革と社会教育――公教育の市場開放

社会的サービスの民営化には、市場化、地域委託、そして私化という三つの形態があるが、一九八〇年代から本格化する生涯学習政策は、学びの市場化政策としての性格をもち、教育文化産業、レジャー産業育成政策として構想されてきたことは周知のことであろう。この構想自体は、いわゆるバブルの崩壊によって挫折することになるが、しかし、その後も、受講料の有料化や営利を目的とした企業への公民館など生涯学習諸施設の開放をとおして市場化の基盤が整えられてきた。

しかし、これとは異なる社会行政の変容として管理運営をめぐる民営化をみておく必要があろう。社会教育行政の領域では、まず、一九七〇年代に、コミュニティ政策の一環として、公民館をコミュニティーセンター化して地域組織に委託するという手段がとられた。例えば、山形県鶴岡市のコミュニティーセンター化は公的社会教育の解体として厳しい批判が展開されてきた。しかし、皮肉なことに、公設公営の時期よりも市民の参加がはかられ、学習が活発化し、そして職員（地域雇用であるが）の専門性も格段に高まったという評価があることも事実である。一方、政令指定都市を中心にとられたのが、自治体出資財団を使った施設の管理委託という手法である。つまり、行財政改革という圧力のもと、教育委員会直営から財団への委託という形態が全国に広がることになる。

一九九〇年代に入ると、新しい形態のガバナンスへの転換がみられる。いま、問題となっている「指定管理者制度」は、これまでの民営化をさらに一歩進めた新しい段階を画するものである。つまり、従来の「業務委託」「管理委託制度」では、その委託先は地方公共団体の出資する法人に限られており、その委託はあくまで私法上の契約にもとづいて業務を委託するものであり、管理権限は地方公共団体がもっていた。ところが、「指定管理者制度」では、行政処分として選定された「指定管理者」が施設の管理権限を含めてもつことになり、具体的には、「指定管理者」には財団だけではなく、民間企業、地域団体、NPOなども参入し、利益をだすために利用料金も自ら設定する（自治体の承認を要するが）ことができるようになっている。

ここではサービスの市場化や民間的手法を使うということにとどまらない。従来は行政が施設を設置し、それを管理することが前提とされてきたが、政府（goverment）と管理（governance）とを分離しつつ、管理権限を企業など民間にゆだねる仕組みとなっている。しかも、総務省は二〇〇六年九月までに現在委託している公の施設、さらに直営の施設など、その廃止を含めて管理のあり方を再検討するように指示をだしている[2]。

NPMの手法と社会教育の再編

一九八〇年代からの生涯学習政策にもとづく教育改革では、「いつでも、どこでも、興味・関心にもとづいて」自由に選択する生涯学習市場への転換が想定されている。社会教育をふくめ公的セクターにおけるサービス提供においては、ＮＰＭの手法によりながら企業的手法を導入することによって効率化をはかることがめざされる。「指定管理者制度」に端的に見られるように、市場、ＮＰＯ、地域委託などをとおして民営化をはかりながら、行政は結果管理のために評価をし、そして資源の再配分を決定する地位を得る。

こうした動向を民営化として拒否することはたやすい。しかし、少なくとも、市場原理の活用や市民と行政との協働が国際的に主張される背景には、政府や官僚が独占してきた規制や管理を変革する必要性が認識されてきたことがある。もはや行政が主体としてとどまること、ましてや、文部科学省が政策やモデルを提示し、これを県や市町村の社会教育職員が住民に対して事業としておろしていくような手法にとどまることは許されない。いま、改めて、公的社会教育とは何か、「社会教育の自由」の公的保障とは何か、ということが問われる。

新しい原理を探求しようとするとき、公的社会教育が何を目的として目指すべきであるのかを確認することが重要であろう。それは、社会正義を構成する民主主義と教育機会の平等にほかならない。つまり、意思決定過程への市民の能動的な参加にもとづいて「民主的で文化的な」社会をつくることであり、だからこそ自己の能力を発達させるために、学校教育だけではなく、社会教育の機会も権利として平等に保障されねばならないのである。

この確認に立つとき、ＮＰＭについては、いくつかの問題を指摘できよう。第一に、民主主義の視点から見た問題である。この改革のなかで、社会的サービスをめぐる行政と市民との権利と義務との関係が大きく転換する。一見すると、市民の選択をとおして事業が決められるわけであるから、消費者主権として市民が権力をもつかのように見えるが、政治が管理におきかえられ、一握りのエリートの権力が増大する。例えば、ニーズの充足ばかりに関心が寄せられて、しかも、人びとのニーズは技術的にとらえることができるという神話が幅を利かすようになる。そのニーズ解釈は「不偏不党」であり、適切で公正なものとしてあらわれる。この結果、誰が、どのようなパースペクティブから、どのような利害関心のもとで、当のニーズを解釈するのかが問題にされない。

第二に、パートナーシップの視点から見た問題である。そもそも目的を設定するのは市民ではなくて行政の専権事項である。学校教育であれば「学力の向上」ということが第一義的な目的となろうが、社会教育では「効率性」だけが「結果の評価」の基準となる。しかも、パートナーシップといいつつも、評価の主体はつねに行政に担保される。したがって、この手法は行政の管理権力を強化するための手段として機能する。ＮＰＯや地域委託をする場合、効率性を高めるため、公正な賃金さえも下回る人件費で済まそうとするインセンティブが働くだけでなく、社会的使命を実現する組織であるＮＰＯに対して、「顧客主義」をとることを要請し、そのためにＮＰＯの組織や運営形態までも一定の条件をつける制度設計となっている。

第三に、シティズンシップの視点から見ると、「能動的市民」は専制主義から規律権力への転換を象徴的に表現している。管理主義の権力は、その人的な担い手である「規律化された市民」に依存する。この結果、行政官僚の権力は強化される。再配分による貧困からの脱出、搾取の廃棄よりも経済的自立が重視され、自由や公正よりも強い連帯的な社会が強調される。規律のパワーは、自己の運命を決めるためによろこんで行為するように個人を動機づける能力として理解される。管理主義は、社会秩序政策としてそのような服従を確保する「トリック」にほかならない。

ここにみるように、ＮＰＭをめぐる論点のうちもっともクリティカルな課題とは、行政、企業、市民セクターの相互関係をめぐる権力の問題であり、民主主義をめぐる課題である。民主主義に支えられた新しい統治の制度を、いかにつくりあげることができるのか、そうしたことが問われている。

三　社会教育のソシアル・ガバナンス――新しい公的社会教育の構想

新しいガバナンス原理の探究

社会教育は、これまで国家に対して権利としての学習を支える社会的諸条件（法律、施設、職員など）の整備を求め、実質的に福祉国家路線の拡充を求めてきた。しかしながら、グローバリゼーションのもとで、この路線そのものが国民国家の枠内で完結するものとして想定するわけにはいかない。しかも、その拡充を安易に求めることは社会的抑圧と排除、そして市民が本来もっている参加への要求と力を疎外することになりかねない。

これまで社会教育を含む社会的サービスは公設公営による運営が自明視されてきた。つまり、公的なものとは行政が行うことと同義であった。既述のような社会教育施設の民営化はこうした構造を徐々に変容させてきたのであるが、「指定管理者制度」では、この性格転換は決定的なものとなろう。こうした公教育の市場開放は、単なる福祉国家の解体ということではなく、グローバリゼーションに応答する新たなシステムの再編としてとらえられる。行政と民間との関係をいかなる原理により、どのように構成するのかが問われよう。

伊豫谷は、ジェンダー研究の文脈ではあるが、「現代のグローバリゼーションの進展は、国民国家の枠にとらわれることなく、しかも国家の機能やナショナルな要因にも目を配り、さらに非政府的次元への注目も怠らないという、きわめて柔軟で重層的な視点に立ってこそはじめて解明しうるものである」（伊豫谷 2001: 97）と指摘している。これは、グローバリゼーションのすすむなか、社会教育の新たなシステムを構想する際にも重要な視点となろう。

グローバリゼーションによって生起する一つひとつの現象に対して社会教育に何ができるのか、ということを問うことも重要だが、その基盤である社会教育の理念、制度、施策そのものが性格を大きく変容させているということを踏まえることが研究課題をつかむ上で大切であろう。つまり、自由主義的改革が提起した福祉国家に対する批判を真摯に引きうけつつ、市場化、企業化とは異なる新たなガバナンスを構想し、そして実現するという課題である。

社会関係資本とガバナンス

公的サービスの提供は、従来は、中央・地方政府による決定・規制・実施を前提にした議論が主流であった。しかも、政府と統治の主体は一体のものとしてとらえられてきた。いま、先に確認してきた公的社会教育の目的から見るとき、こうした制度自体の問題が鋭く問われているのである。もはや行政とガバナンスを不可分のものとしてとらえるべきではない[3]。公的社会教育＝社会教育行政という硬い紐帯を解き放ち、新しい仕組みを構想する必要がある。それが市場やＮＰＯなどの多様な主体がステークフォルダーとして独自な役割をはたすものとして参入し、時に対立しつつも協働するなかで新しい公共性をつくりあげるパートナーシップ型の統治である[4]。

国際的に見ても、一九九〇年代から公共政策の主要概念として社会関係資本（social capital）概念への注目があつまっている。つまり、政策のアクターや公共政策のパフォーマンスを考える上で、社会関係としての人間・組織関係のネットワークとその出力としての規範、信頼のもつ意義が注目されている。ここから示唆されることは、新しい原理に求められるのは、ガバナンスにおいて市民参画をより実質化するものであること、そして、実践をとおしてパートナーシップを結ぶ主体間の相互の信頼関係を育むものでなければならない、という二つの点である。

では、どのようなパートナーシップを結ぶ必要があろうか。第一に、統治の単位をより地域に即した小さな範囲にする必要があろう。公民館などの社会教育施設ごとにガバナンスを構築する必要があろう。社会教育行政は自治体を単位とするが、公民館のガバナンスは地域社会の多様な市民組織、企業、学校そして住民により構成される機関によって統治される[5]。自治体行政に対する参加の保障ということをこえて、自治体内の分権を自律的に担う組織としての協議体制度の創設または再生が展望される必要がある。この意味で、コミュニティ・ガバナンスと呼んでもいい。

第二に、ガバナンスをめぐる最も重要な論点は権力の問題である。**図Ⅸ-1**にみるように、歴史的には、タテの軸であるａ-ａ'、国家と市場の軸に権力が集中する過程が近代化のプロセスであった。ＮＰＭが契約的パートナーシップ

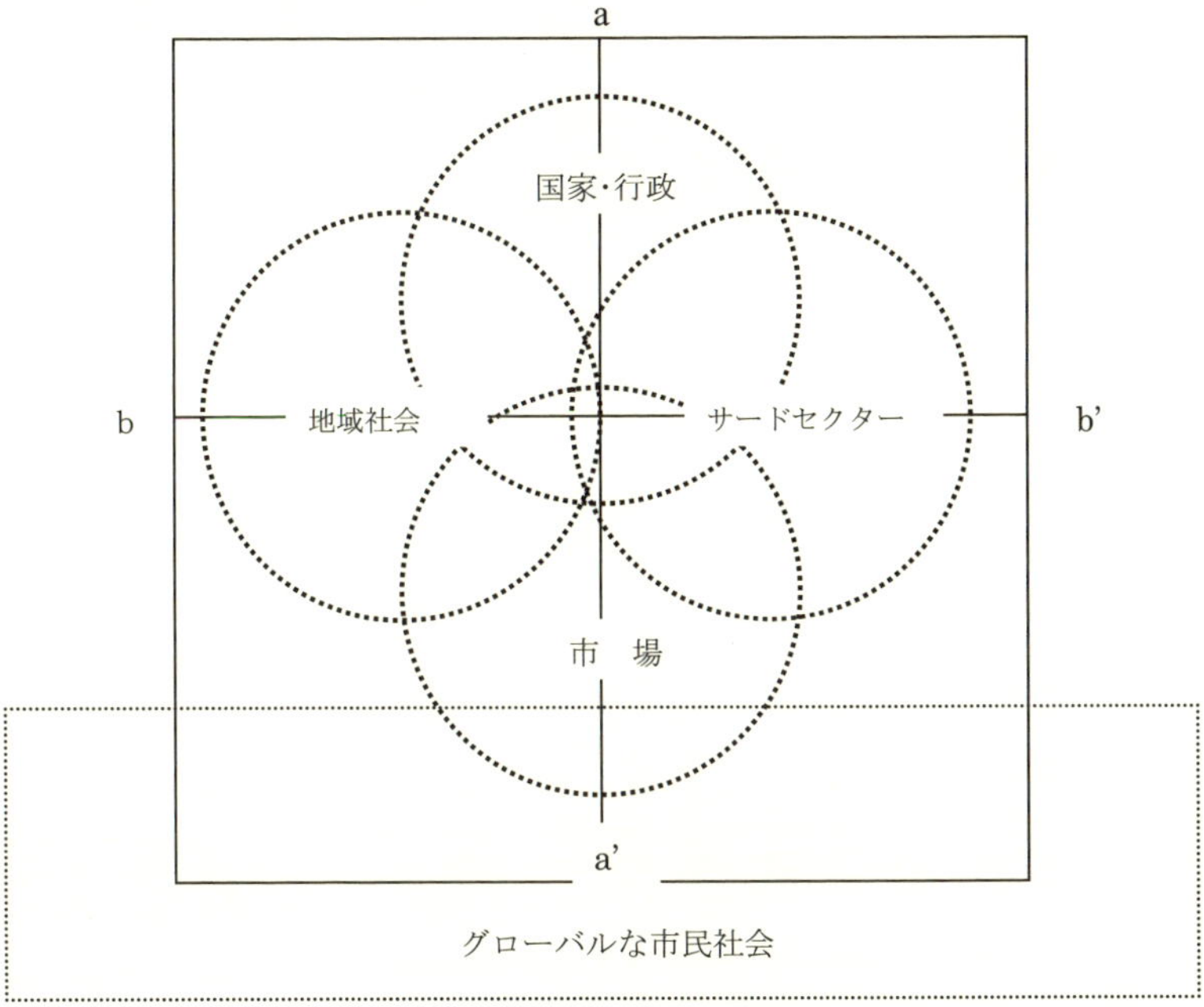

図Ⅸ-1　社会的実践の4領域

注：Friedmen, J., *Empaworment, The Politics of Altenative Development,* Blckwell pubulishers, 1992 を修正して作成。

をとおして市場や市民との関係を結び、結果として行政の権力をよりソフィストケートされた形で強化するものだとすれば、新しいガバナンスのコンセプトは権力の軸を地域とサードセクターにおいた水平型の協働的パートナーシップに転換しなければならない。アルンスタインは市民参加の階段を示して「非参加」や「見せ掛けの参加」と「市民権力」を区別しているが（Armstein 1969: 216-224）、国家、市民社会、企業セクターの相互の関係において、審議会への参加を超えた市民参加、権力の共有ということがソシアル・ガバナンスの原理の核である。社会教育のガバナンスのなかで意思決定をするのは市民でなければならない。

第三に、公共空間における討議をとおして事業をつくり、実施していく民主主義の問題である。ＮＰＭでは、事業の計画や実施におけるプロセスを問うことはしない。「結果重視」の行政による管理である。これに対して、新しいガバナンスにおいて重視されるべきは、結果よりも、決定・企画の過程や実施の過程における民主主義の問題である。協働的ガバナンスでは、多様な主体が一同に会して対等な立場で討議をし、相互の理解にもとづいて共通の目標をつくりあげることが大切であろう。そうしたとき、パートナーを結ぶ共同体は、相互の信頼関係に支えられた学びのコミュニティとして、こうした実践を蓄積するなかで自らの主体的力量を次第に高めていくことになろう。

では、新しい公共性をつくりあげるときに行政はどのような役割をはたすべきであるのか。まず確認されるべきは、パートナーシップ論は行政役割の縮小化に直結するものではないということである。むしろ、行政に求められるのは多様性や不確実性を受け入れる組織風土の転換であり、市民セクターとの関係における役割の転換である。具体的には、まず、学習の権利は「国家により保障されねばならないということである。それは多分に強制的であり非人称的なものであるが、社会的連帯そのものであり、多元的な市民的連帯と共同の基礎でもある。」

(高橋 2000: 134) とりわけ財政的な責任は重い。さらに、行政は事業を委託するわけであるから、評価の主体であること認める必要があろう。しかし、協働のパートナーであるから、その実践についての責任も共有すべきであり、財源の配分を決定する権限だけを重視すべきではない。課題があるとすれば、自立的な運営をはかるため必要な助言や支援をすることが行政の役割となる。

いま求められるのは、市民との間に信頼関係を築くことであり、そのためにも市民の社会参画のネットワークを育むこと、市民の社会的参加を支援すること、自己決定の力量形成をはかるための条件を整備するうえで行政の役割はいっそう重要性をもつ。

アカウンタビリティ問題への応答

自由主義的改革が提示した重要な論点の一つは、アカウンタビリティの問題であろう。それは、もはや「システム内部の重要な手段または構成要素ということではなく、システムそれ自体を構成するようになった」(Ranson 2003: 459) ともいわれる。だからこそ、新しい原理を構想するとき、このアカウンタビリティの意味を吟味することが重要性をもつ。

そもそも、アカウンタビリティとは、明示的な関連と評価的な手続きにより定義される、特定の目的を追求する社会的実践を意味する。これについて、ランソン (Ranson 2003: 471) は二つの見方を区別している。第一のそれは、「説明責任を果たす」という意味でのそれである。これは、確立された基準にしたがってパフォーマンスの評価をするということであり、階梯的な官僚制の支配のもとにアカウンタビリティをおくことである。サービスの効果を測定・評価するための数値を収集し、これにもとづき効率性を評価する。彼は、別の言葉でこの基準を「外的な効率性という善」といっている。すなわち、効率性という手段的合理性を求める。

これに対して第二の見解は、「説明する」という過程であり、そこでの説明は相互的な過程ということを特徴とする。学びの空間をつくる関係者たちが集いつつ、共有された目標をめぐって、これをどのように効果的に達成するかを議論する。これは、「民主的アカウンタビリティ」(democratic accountability)とか、「省察的アカウンタビリティ」(reflexive accountability)と呼ぶものである。これは「外的な効率性という善」に対して、「内在的な卓越性という善」である。

すぐ察知されるように、こうした議論は、公的サービスの目的とは何か、どのような権力関係を構成するのか、という問題ばかりでなく、公的空間のガバナンスの諸形態をめぐる議論と結びつく。その核となるのは、正義と民主主義である。

民主主義と透明性は、信頼の基礎ではなく、行動的、義務に志向したシティズンシップの社会関係資本から生じる信頼に依存する。……信頼のための条件は、市民たちが公的空間に包摂され、彼らの声が公的審議において耳を傾けられてはじめて達成される。その審議は、まさに公正な公共政策や分配のため基礎を提供するものである。それは信頼と相互的なアカウンタビリティの諸条件を構成する公的空間の民主的制度である。正義とボイスは、市民社会における義務への志向の基礎である。

大切なことは、社会関係資本の蓄積、つまり、ネットワーク、規範、社会的信頼をつくり、相互の利益のためにコーポレーションを促進する人びとの関係をガバナンスの核とすることであろう。ここから示唆されることは、新しい原理に求められるのは、「省察的アカウンタビリティ」、すなわち、ガバナンスにおいて市民参画をより実質化するものであること、そして、実践をとおしてパートナーシップを結ぶ主体間の相互の信頼関係を育むものでなければならない。それは、国民国家内部や相互間における新しい文化的な潮流をつくるだけではなく、グローバリゼーションの時代だからこそ、コスモポリタン的な性格を内在させている。

コミュニティ・ガバナンス――グローバリズムに対抗する原理

では、これらの議論を具体的な「指定管理者制度」をめぐる問題をとおして考えてみよう。

この指定管理者制度で想定されているのは、行政は選定した業者にすべての運営管理業務をゆだね、その成果を評価する権力関係である。そこでは行政の役割は評価者であり、マネージャーとして権力を行使する関係である。

しかしながら、こうした事業結果の数値化による把握と行政による評価は、先の「外的な効率性という善」によるものにほかならないのであるが、この制度は、公的施設の運営管理を再編し行政と市民との関係を垂直的な権力関係に組みかえる[6]。企業は利益をだすことが至上命令であるから、権力問題はそれほどクリティカルではない。しかし、地域組織であろうと、ＮＰＯであろうと、市民セクターが指定管理者になるとすれば、対等のはずの行政との関係が変容し、効率性を優先する結果、社会的使命の実現という本来の目標の放棄を強いることが危惧される。

「指定管理者制度」はすでに実施段階に移っている。その意味では、制度そのものの問題とともに、制度を前提としてどのような改善が可能なのかを検討する必要がある。危惧される点も少なくないが、同時に、企業だけではなく、多くのNPOが別の視点から可能性をみていることも確かである。つまり、現状の行政による直営、もしくは財団による運営に問題が少なくないということを意味している。これが、自由主義的改革がアカウンタビリティ問題をとおして解決を図ろうとしている構図でもある。

先に確認してきたように、これに対抗する原理こそ、意思決定過程への参加という正義であり、すなわち民主主義という原理である。しかしながら、それは間接民主主義の意味ではない。「指定管理者制度」の導入をめぐって条例の制定や業者の指定において議会での議論と決定が必要なことから、ここに期待を表明する議論が少なくない。もちろん、議会で十分な議論をして自治体としての判断をすることの重要性は軽視されるべきではない。しかし、それは社会関係資本の蓄積をとおして人びとの関係に「信頼」を、また、市民参加による公共空間をつくりだすものでもない。

そもそもソシアル・ガバナンス論の真髄は、計画・意思決定、実施、評価という一連の諸過程に市民が実質的に参加するガバナンス・ボディーをつくるところにあり、決定自体も議会ではなくこの組織が最終権限を担うべきである。つまり、分権とは政府間だけではなく、自治体内において市民への権限委譲をすすめることとして理解されるべきであろう。とりわけ、公民館や図書館など一定の地域を単位に整備されている施設については、これをガバナンスの単位として、行政、住民・組織、企業などを含めたコラボレーションをつくることが重要であろう。したがって、それをローカル・ガバナンス、またはコミュニティ・ガバナンスと呼ぶことができる。

その上で、第一に、市民参加のもとで現在の管理運営の評価を実施して、課題があるとすれば、その解決の方向を議論することが不可欠である。「指定管理者制度」は、その解決の選択肢の一つにすぎない。第二に、運営管理の丸投げは行政の役割の否定につながろう。行政固有の役割をはっきりさせること、財政的な保障はもちろんのこと、その本来業務に必要な体制を整備すること、その際に、社会教育関係職員の専門性をどう位置づけるのかということが重要な論点となろう。

グローバリズムのもとで深まりつつある公教育の市場開放に対抗するものは、やはりローカルなものを基盤とする市民の参画による民主主義にほかならない。しかしながら、それは「小さな民主主義」だけでよいというものでもない。それは国家による財政的支援と法的なルールの確立により支えられねばならない。求められているのは、新しいガバナンスのレジームである（Dare 1999, 128）。

おわりに

日本の社会教育は、福祉国家的施策として制度化がすすめられてきた。公民館や生涯学習センターなどの施設、そして専門職員の配置についてみても、市民参加の制度的保障である社会教育委員制度や公民館運営審議会の制度など、国際的にみても高い水準を達成してきたのではないか。五〇年の歴史を重ねるなかで豊かな実践を築いてきたが、しかし、官僚制化や制度化のジレンマに陥っているのではなかろうか。

急激な社会の変化のなかで、とくに経済のグローバル化のなかで、こうした官僚制的な機構そのものの存在理由が問われているのである。公的社会教育＝社会教育行政という体制が、その職員配置とともに機能不全に陥りつつある。この五〇年は、公的社会教育の領域についていえば、その運営や意思決定過程から市民の能動的参加を排除してきた過程といってもよいかもしれない。市民の学びへのニーズが多様化・高度化し、リスク社会の到来とともに生活の個別化と不確実性が高まるなかで、これに十分対応できない事態が広がり、社会教育行政に対する不信や無関心が広がっている。

ＮＰＭは、さまざまな問題を含みながらも、こうした市民と社会教育行政との関係を変えようとする一つの試みである。大切なことは、彼らが改革しようという課題意識を真摯にうけとり、社会的に周辺にある人びとの声をうけとめ、彼・彼女たちとともに、市民の能動的な参加によって民主的な社会をつくるという、社会教育の本来の目的を実現しうる新たな理念や仕組みを積極的に提示することであろう。それが「社会教育のソシアル・ガバナンス」という、「パートナーシップ型の統治」の制度と仕組みへの展望である。そこでは、行政とともに市場やＮＰＯなどの多様な主体がステークフォルダーとして独自な役割をはたすものとして参入し新しい公共性をつくりあげる。

それは日本における公的社会教育という領域、地域性を重視した実践ではあるが、その協働的パートナーシップの中心にサードセクターが位置づけられることをとおして、世界に直接結びついた拓かれた特質をもつ。この実践コミュニティは、新しい社会秩序の形成という岐路にあって、グローバルかつローカルに、考え行動する主体（エージェンシー）を形成する、グローバルな時代における新しい学びを構想し実践する基盤ともなるであろう。

註

1　平等を求める福祉国家サービスには両義性がある。第一に、外国人、女性、高齢者などが社会的に排除されてきたこと、第二に、この制度と基準をつくり、そしてサービスを提供するのももっぱら行政の役割になる結果、一方では、官僚や専門家の権力を強化しつつ、他方では、市民はこのサービスを受動的に享受する立場におかれる。

2　総務省「地方公共団体における行政改革の推進のための新たな指針」二〇〇五年三月。

3　小川利夫は、委託・公社化について「法的には少なくとも一応合法的である。そこには分権的・民主的な団体への発展可能性が皆無ではないといってもよい。しかし、いま各地に設立されている団体の多くは、それらとはまったく似而非なるものである」(小川利夫 1987: 16) と批判している。

4 社会の複雑性の増大にともなう不確実性への対応、市民の参加意識の高まりのなかで、よりよい統治には市場の役割、市民の能動的参画、すなわち民主主義が不可欠である。

5 その機能が形骸化していると批判されがちであるが、社会教育委員や公民館運営審議会がより権限を強める必要があろう。しかも開かれた公共空間としなければならない。そのためには、公募を含めた参加の形式的な公正性が保障されねばならない。

6 この結果、危惧されるのは、①行政が「公の施設」の運営管理能力を失ってしまうこと、②競争が優先され、図書館、公民館など公的施設間のネットワークの解体すること（情報交流、相互協力、職員研修などをとおして市民サービスを支えてきた）、③長期的視野で研修などを行い専門性やサービスの質を向上させようというインセンティブが解体すること、などである。

X　生涯学習ガバナンスの実証研究に向けて

はじめに

私にとって公民館研究や生涯学習関連施設の職員研究は魅力的なフィールドとして映らなかった。公民館にアプローチするには、構造的な分析と、学習グループの活動分析、政策の転機に関わった人物や、傑出した職員、学習者のインタビューをもとにすることですませてきた。それは、方法的な革新、新しい発見、提案に結びつくことがむつかしい領域であった。

ところで、近年、実践との深い関係を主張しつつ、社会教育関係職員[1]（以下、職員という）の力量形成における「ふり返り」の意義を主張する論考がみられる。その実践性が注目される要因の一端だろうが、わたくしの関心からすれば、政策や制度を議論する課題と接合できるような視野がない研究と見えていた。

従来、社会教育職員の専門性や力量形成を問題にする場合、資格などの制度化への展望と関わらせて専門性を議論することが通常であったし[2]、私は、こうした議論をふまえることが正しい論じ方であると考える。しかし、同時に、専門職としての確立はおろか、こうした行政職員の民営委託による引き上げや、非常勤化が現実には深くすすんでおり、あるべき姿を論じるまえに実態を詳細にとらえることが必要だとも考える。

いま、社会教育・生涯学習関連施設の民営化のなかで、これらの生涯学習施設のガバナンスをいかにするか、ということが厳しく問われている。もちろん、そこでは公民館や生涯学習施設の分析が焦点とならざるをえないのであるが、その分析の中心は、制度や構造の問題ではなくて職員の活動分析にあると考えている。実践コミュニティへの参加を学びとすることも重要であるが、状況的学習論は、教授・学習過程を人びとの相互作用に解消するところがある。私たちは、教育者及び教育活動の固有の意義をとらえる必要がある。本章は、この社会教育関係職員の力量形成というテーマを手掛かりに、生涯学習関連施設のガバナンスに関する実証研究の視角と課題を示したい。

一　「ふり返り」と力量形成

学会の研究状況を一瞥すると、D・ショーン、P・クラントン、J・メジローなど米国系の成人教育研究者の枠組みの検討と、それをもとに学習支援者の実践、職員の力量形成を論じる研究が一つの流れをつくっている。これに必ずしも与するものではないが、研究の視点として意識変容に触れる論考も少なくない。研究方法としても、ライフ・ストーリー、ライフ・ヒストリーなどのリバイバルに乗った研究が散見される。ここで主張したいのは、これらを否定することではない。そうではなくて、その受容の仕方と方法的な限界への自覚が少ないのではないか、と思う。

既述のように、近年の社会教育・生涯学習の研究では、この「ふり返り」や意識変容という概念の検討が研究の中心的位置の一つを占めている。しかし、純粋な理論の紹介から一歩踏みだし、これを力量形成という現実的な問題に適用しようとするとき、いくつかの問題が鮮明にあらわれる。やや乱暴な議論になるが、これらの研究に共通する問題の一つは、まず、「ふり返り」ありき、「ふり返り」が神格化されているという、問題意識の転倒にある。職員の力量形成を考えて、その方法的意義を論じるのではなく、「ふり返り」のために力量形成の問題がとりあげられる、とでもいってよいだろう。なぜなら、もし社会教育関係職員の力量形成を考えるとすれば、次のようなことの検討を踏まえて議論が展開されるはずだからである。

① 職員は、いかなる空間＝関係のなかで、どのような仕事をしているのか。
② 職員は、いかなる課題につきあたり、そして、どのような力量が求められるのか。
③ 職員の職業的キャリアをふまえて研修をいかに構造化し、制度化するべきか。

ところが、クラントン、ショーンなどの名前はでてきても、こうした諸課題への言及も、いな、まなざしも感じることはむつかしい。そもそも、「意味パースペクティブ」や「意識変容」とは事例ではどのような内容なのか。「社会教育関係職員」とはだれなのか。どのような実践的課題をもっているのか。その論述は抽象的なものに終始して不明である。そこで論じられる「学習支援者」は、実はどこにもいない架空の像でしかない。だれが、どのように「ふり返る」のか。何をふりかえるのか。結果として、どう変容するのか。それは実践をどうかえるのか。これらの〈問い〉はすべて開かれたままにとどまる。

二　状況依存的な実践

このように理論展開の抽象性を批判するのは、職員の実践の性格が、すぐれて状況依存的なものであるからである。例えば、職員として参加する場合、彼らはいくつかのストーリーを考えて、対応を構想していく。しかし、学習の場における学習者の状況は、はるかに流動的であり、また偶然的である。学習の場を支配するのは不確定性である。一般的にいえば、初心者は当初の「構想」に固執しがちであり、習熟するにつれて、この「構想」から離れ多くのレパートリーの中から状況に適した対応を選択することができるようになる[3]。このように、職員の実践が状況依存的であるため、「知識や技術を単に知るだけではなく、実践でレパートリーとして活用し、個別具体的な状況の問題に結びつける」（倉持 2004: 164）必要性を彼女たちも認める。力量形成を問題にする場合、この実践の状況依存性という特質を捨象して議論することはできない。しかも、重要なことは、こうしたことを認識するだけではなく、その理解を分析に貫くことである。

職員の力量形成を論じる際のレトリックとして、講義型研修が「ふり返り」と対比され、切り捨てられる。例えば、統計的な数値を見ながら、「これまで行われてきた研修には、参加する学習支援者自身が取り組んでいる実践をよりよいものに変えていく実践的な力をつける、という視点からは問題や限界がある」（倉持 2004: 160、渋江 2004: 186）と断定される。「確かにそうだな」と、学校型教育の批判に同調している私たちを納得させるものがそこには潜んでいる。では、実践的力量形成において講義中心の学習方法により伝えられる知識・技法＝道具的知識は必要ないものなのだろうか。学校で知識を学ぶことは無意味なのだろうか。そうではないだろう。状況が一般的であるとすれば、二者択一の選択を迫る必要はない。むしろ、どちらも学習方法として必要性があるが、かつ、それぞれに限界があり、課題に応じて学習方法を選択するべきだ、と考えることの方が妥当な理解だろう。これを実践的力量形成の問題として考えると、講義型研修の弱点とは、その学ぶ方法という側面ではなく、それが具体的な実践の状況、社会的文脈と切り離されているというところに問題が求められる。

ところが、「実践事例の検討は、同じ実践にかかわる人が一緒にならないよう、さまざまな実践に関わるメンバーで構成された」（倉持 2004: 166）という。私の理解では、ここで研修は実践の文脈とみごとに切り離された。いくたびか、実践の状況的性格にふれながらも、職員に求められる実践の専門性の性格、その状況依存性を踏まえた力量形成を問う必要性への無自覚が露呈しているといえよう。宮島敏（宮島 2004: 223）がいうように、「実務と研修の場のギャップは致命的」である。

三　実践の理念・価値の共同的構築

省察的学習では、職員の実践の基盤、実践する「前提」を批判的に省察し、変容させることの意義をくりかえし主張していることは周知のことである。力量形成においても、この主張は一貫している。確かに、「学習支援者が無意識に持っている教育観・役割観や、自分の考えや行動の基礎となっている前提を批判的にふり返ること」（倉持 2004: 164）は重要である。一般的な言説としてみれば、その主張に異論はあろうはずない。しかし、それは無条件に妥当性を有するのだろうか。この議論には、いくつかの問題がある。

まず、第一に、その理論が個体主義的な心理学に依拠するものであることである。これは研究として、心理学的アプローチを否定するものではない。しかし、彼らの理論では職員個人をとりあげ、しかも、その認知的な側しても、それは他の研修方法とともに構成されねばならない。しかし、彼らの研究にそうした射程はない。焦点を「ふり返り」に限定したという反論もあろうが、この「ふり返り」をどのような社会的文脈におくのかということが問題なのである。

第二に、職員の力量形成を一つのプロセスとして把握する必要がある。「初心者」から「熟練者」へ、平たくいえば、職員として「一人前になる」という経歴のなかで見る必要である[4]。例えば、初期キャリアの課題の一つは、実践に求められる「考え方」をしっかりともつことである。私がよって立つ立場ではないが、合理主義的モデルでは「一人前になる」とは、技術・技能の習熟、これらの価値を内面化することとしてとらえられる。さらにいえば、その後の日常業務においても、それが揺らぐことが望ましいわけではない。誤解を恐れずにいえば、こうした「考え方」に支えられた実践の〈ルーティン化〉はあながち否定されるべきではない。

第三に、社会的拘束性である。この実践における「前提」や意味は職員個人によりつくられ、頭の中にあるものではない。それは協同的性格を持ち、かつ協同的実践の関係をとおして構築されつつ内面化される。具体的な関係性の中でつくられるからこそ、研修と実践との文脈の切断は致命的なのだ。これに加えていうと、自治体職員であれば、国の政策・制度、自治体の計画や目標により実践の方向は拘束される。すぐれた職員は、こうした制度的な枠組みに一面では拘束されながらも、国の政策や施策、自治体の計画などを資源としてしたたかに利用する。政策や制度をどう見るか、どう利用しうるかは、その人が参加する組織の性格に依存する。あたかも「前提」を自由に変えうるかのような議論は空想であるばかりでなく、ときに有害である。というのは、職員の力量形成を個人の意識や努力に還元する議論に帰着するからである[5]。

しかし、これらの「前提」が揺らぎ、その存立が問われる局面があらわれる。「批判的にふり返ることの重要性」が指摘できるのは、個人的にも、集団的にも、これを揺さぶらざるをえない「危機」が実践の課題としてあらわれたときである。このとき、実践をつくる職員たちの関係の質が問われる。

実践のなかで磨かれた感性と、あるいは、問題の所在を示唆してくれる仲間の存在が力量形成において重要な資源となる。それは職員の成長と結びつく学ぶ動機を形成するとともに、同時に、一つの活動システムとしての生涯学習関連施設をつくりかえる契機ともなりうる。

四　実践を支える公民館の協同

意識変容論や「ふり返り」を強調する論に内在する問題の一つは、その心理学化、とりわけ、その固体主義的能力観あるいはアプローチにある。ここでいえば力量形成を個人の能力としてとらえる方法的態度である。こうした批判をうけることは不本意だというだろう。しかし、この論では、学習支援者と職員・学習者との認知的側面にだけ焦点をしぼって「ふり返り」を主張するだけである。職員は、いかなる施設にも、組織に属することのない〈自由人〉であるかのように論じられる。しかし、そもそも現実の職員のすぐれた実践は、彼個人の力だけで行われるものかどうか、考えてみる必要がある。

もう一つの問題が残されている。これまでの社会教育・生涯学習研究では、すぐれた職員個人、職員集団にのみ注目して専門性を論じてきた。生涯学習関連施設を一つの活動システムとして見ると、そこに問題がある。職員の実践はもちろん一人の力だけで実施できるものではない。同じ職務の仲間の存在を欠くことはできない。しかし、それだけではなく、彼らの事業の企画や実施にあたっては館長や事務系職員が講座を支え、住民のなかの運営委員などの協同の力によって実施されるという構造がある。とすれば、生涯学習関連施設の実践を職種や階層の異なる職員たちが協同してつくりだすものとしてとらえること、そして実践から生じる課題解決にあたってもこの協同の力によらねばならないのだ、と考えねばならない。そして、職員の力量形成は、こうした協同関係の質に規定されるものとして論じられねばならない[6]。

この点で、宮島が福祉職に関連して「職場では、専門性は個々の職員の働きによって発揮されているが、それはばらばらに発揮されるというよりも組織の中で統一的に遂行されている」(宮島 2004: 215) と指摘されている点は示唆的である[7]。こうした立場に立つことによって、技術的な「ふり返り」の強調に終始するのでもなく、あるべき職員像を提示するのでもない、実践に即した具体的な提案が示しうるのではないか。

五　力量形成とガバナンス

考えてみると、職員の力量形成の問題は施設のマネージメントの問題である、という単純な事柄に突きあたる。本来、それは施設が提供するサービスの質の向上という視点から管理者が取り組むべき課題である。水野篤夫(水野 2004) が紹介する京都ユースセンターでは、こうした視点から「事例研究会」が施設の運営管理に制度的に位置づけられ、職務として行われている点にすぐれた実践としての意味がある、と私は思う。確認されている点は、以下のとおりである。

①事業における状況の動きを第三者に理解できるようにする

②機関・施設の経営・管理を向上させる
③スタッフの教育と研究に役立たせる
④事業やサービスの対象となる人たちへのサービス・提供するものの改善・向上に用いる

すぐれた実践はどのようにつくられるのか。すぐれた職員がどのようにつくられるのか。その方向性をここにみることができる。つまり、集団的に実践を省察する職員集団がつくられていること、この集団による研修を保障する組織・運営がおこなわれていることである。専門職は、単に高度な知識・技術をもつだけではなく、専門家集団としての自立とその社会的認知が重要な条件となる。したがって社会教育関係職員の研修を権利として確認するとともに、それを施設の運営管理の仕組みとして制度化うるような組織的力量が求められる。こうした点からいえば、個体主義的把握にもとづく主張は、結局のところ、力量形成の問題を社会教育関係職員個人の意識や努力にだけ求める矮小化する議論に帰着する。

先に指摘したように(本書Ⅵ)、学習を支援するというとき、私たちは二つのレベルを分けて考える必要がある。一つは、個々の学習者の支援ということであり、もう一つは、創発的協同の関係性をもつ学習環境をデザインすることである。個々の学習者の学びのプロセスに即して教育的に働きかけうる技術と哲学をもつことは大切である。しかし同時に、これまでの検討から明らかなように、すぐれた実践、力量形成という研究課題は実践が組織される場である職場の関係のあり方そのものを批判的に問うべき課題でもある。つまり、力量形成において「ふり返り」を方法として使うことはあるにしても、制度の問題はそれをはるかに超えた問題である。つまり、職員の力量を高めるという課題は、施設の運営・管理の在り方を問うことであり、具体的なレベルで施設のガバナンス論に接合する課題でもあることを示唆している。

おわりに

職員の力量形成という課題にかぎりまとめると、私たちの主張と課題は、以下のようである。

職員による実践の性格をふまえ、かつ、力量形成を施設の運営管理の問題との関連でとらえること。具体的な課題としては、①職員が日常的にどのような職務をしているのか、そこで求められる専門性とは何か、②職員としての成長とは何か。「一人前になる」とは、どのようなことを意味するのか、③よりよい実践を生みだす職員間の関係とはどのようなものか。これらのことを実証的に明らかにすることである。あるべき姿を論じるのではなく、実践が生みだす教育者・学習者間の権力関係も視野にいれつつ職員の実践を分析することからはじめなければならない。

これらの課題は、ある意味で初歩的な段階であるが、かつ不可欠な研究課題である。それに応えるためには実践に深く学びながら、私たちが研究の視点や方法を自覚的に反省し、新たな道を模索する必要がある。何よりも、生涯学習関連施設を一つの活動システムとしてとらえ、新たな実証研究の方法を開拓しながら研究をすすめなければならない。さらに、①生涯学習関連施設の理念や目標がどのようにつくられるのか、②生涯学習関連施設における職員間の創発的協同をどうつくるのか、③行政部局や住民とどのような協同をつくりあげるのか、④公民館をどのように運営・管理すべきなのかという、ガバナンス論に接合していかなければならない。

それはたやすい挑戦ではない。しかし、社会教育・生涯学習行政、社会教育研究が大きな転換期にあるいま、実践的にも、研究的にも果敢な取り組みが求められる。

註

1　検討する論文では、「学習支援者」「成人教育者」という用語を使っているが、日本の実態に即してここでは社会教育関係職員と表現する。ここには生涯学習施設にかかわる施設の行政職員、委託雇いの職員、ＮＰＯ職員などが含まれる。

2　横山宏（横山 1996）の碓井正久「社会教育職員の専門性」はこうした視点から論じている。

3　初心者からエキスパートへの移行とはどのようなものか。それはいかなるプロセス、つまり、学びをとおして達成されるのか。いま、看護師・保健師・教師調査を計画しすすめている。これとの対比で、社会教育関係職員の専門性と力量形成の問題を考えたい。看護師については、とくに欧米では学びの方法としての「省察」が重視され、その専門性についてもかなりの研究蓄積がある。

4　Laufer (Laufer 1996) たちは、活動理論の立場から、この初心者から熟練者へいたるプロセスを論じている。

5　津田（津田 2003）は、学習支援の関係における権力関係の問題を鋭く指摘している。学習支援者＝教育者が介入することの倫理性とともに、この権力的関係への批判的な意識をもたねばならない。その意味で、省察が必要となる。

6　日本社会教育学会編『現代社会教育の創造　社会教育研究三〇年の成果と課題』（東洋館出版）がで指摘されているように、専門職化の議論は、むしろ「不当配転」への理論的批判の視点として議論されてきた。そこでは職員集団の組織化や職員相互の協力と連帯について触れられているが、あくまであるべき姿として語られ、職場の実態を分析した議論ではない。遠藤知恵子（遠藤 1996: 202-203）も、とくに補章のなかで「公民館自体にも立場の異なる職員がおり、それぞれ異なった役割を担っている。これら社会教育専門労働者そのものを焦点とした分析から社会教育職員の専門性の内実を明らかにすることは課題として残されていた」と指摘し、①研修機会の解明、②個人のキャリアと力量形成の関連、そして③職務遂行における連携と機能分担の実態に関する実証的調査の必要性を示唆している。しかし、とくに第三の点ついてはその後の分析は十分なものではない。

7　この点は、保健師を対象に、松下拡（松下 2008）も繰り返し指摘している。

参考・引用文献

赤尾勝己編、二〇〇四、『生涯学習理論を学ぶ人のために―欧米成人教育理論、生涯学習の理論と方法』世界思想社。

アーレント、H／志水速雄訳、二〇〇七、『人間の条件』筑摩書房。

ベック、U／東廉・伊藤美登里訳、一九九八、『危険社会』法政大学出版局。

ベッカー、H／村上直之訳、一九七八、『アウトサイダーズ―ラベリング理論とは何か』新泉社。

ブルーナー、J／岡本夏木・吉村啓子・仲渡一美訳、一九九九、『意味の復権―フォークサイコロジーに向けて』ミネルヴァ書房。

千葉眞、一九九八、『ラディカルデモクラシーの地平―自由・差異・共通善』新評論。

千葉眞、二〇〇〇、『デモクラシー』岩波書店。

デューイ、J／松野安男訳、二〇〇四、『民主主義と教育（上）（下）』岩波書店。

遠藤知恵子、一九九六、『現代の公民館―地域課題学習と社会教育施設』高文堂出版社。

エンゲストローム、Y／山住勝広ほか訳、一九九九、『拡張による学習―活動理論からのアプローチ』新曜社。

福島正人、二〇〇一、『暗黙知の解剖―認知と社会のインターフェイス』金子書房。

ガーゲン、K／杉万俊夫・矢守克也・渥美公秀訳、二〇〇六、『もう一つの社会心理学―社会行動学の転換に向けて』ナカニシヤ出版。

平塚眞樹、二〇〇三、「『市民による教育事業』と教育の公共性―『行政改革』下における教育NPOの形成に着目して」『経済志林』第四九巻、四号。

石黒広昭、一九九八、「心理学を実践から遠ざけるもの―個体能力主義の興隆と破綻」佐伯胖・宮崎清孝・佐藤学・石黒広昭『心理学と教育実践との間で』東京大学出版会。

石黒広昭編著、二〇〇四、『社会文化的アプローチの実際―学習活動の理解と変革のエスノグラフィー』北大路書房。

伊藤崇ほか、二〇〇四年、「状況的学習観における『文化的透明性』概念について― Wenger の学位論文とそこから示唆されること」北海道大学大学院教育学研究科『紀要』第九三号。

伊豫谷登士翁、二〇〇一、『経済のグローバリゼーションとジェンダー』明石書店。

桂木隆夫、一九九五、『市場経済の哲学』創文社。

川崎修、二〇〇五、『アーレント―公共性の復権』講談社。

倉持伸江、二〇〇四、「ふり返りに注目した学習支援者の力量形成」日本社会教育学会編『成人の学習　日本の社会教育　第四八集』東洋館。

クラントン、P／入江直子／豊田千代子／三輪建二訳、二〇〇二、『おとなの学びを拓く―自己決定と意識変容をめざして』鳳書房。

レイヴ、J／ウェンガー、E／佐伯胖訳、二〇〇三年、『状況に埋め込まれた学習―正統的周辺参加』産業図書。

牧野篤、二〇〇五、『〈わたし〉の再構築と社会・生涯教育―グローバル化・少子高齢化社会そして大学』大学教育出版。

松本大、二〇〇六、「状況的学習と成人教育」東北大学大学院教育学研究科『研究年報』第五五集第一号。

松下拡、二〇〇八、『住民主体の保健活動と保健師の仕事―生活習慣病対策の場合』萌文社。

松下拡、一九九五、『保健婦の力量形成―集団でとりくむ保健婦自主学習の記録』勁草書房。

松下拡、一九九〇、『健康学習とその展開―保健婦活動における住民の学習へ』勁草書房。

宮原誠一、一九七七、「社会教育の本質」『宮原誠一教育論集』第二巻、国土社。

ノールズ、M／堀薫夫・三輪建二監訳、二〇〇二、『成人教育の現代的実践―ペダゴジーからアンドラゴジーへ』鳳書房。

ノールズ、M／渡辺洋子監訳、二〇〇五、『学習者と教育者のための自己主導型学習ガイド―ともに創る学習のすすめ』明石書店。

宗像誠也、一九六一、「教育政策と教育運動」『現代教育学　三』有斐閣。

メリアム、S／カファレラ、R／立田慶裕・三輪建二監訳、二〇〇五、『成人期の学習―理論と実践』鳳書房。

水野篤夫、二〇〇四、「実践をふりかえる方法としての事例研究と職員の力量形成」日本社会教育学会編『成人の学習　日本の社会教育　第四八集』東洋館。

宮崎隆志、二〇〇三、「協働の社会教育」北海道大学大学院教育学研究科社会教育研究室『社会教育研究』第二一号。

宮島敏、二〇〇四、「社会福祉系職員集団の力量形成と学習組織」日本社会教育学会編『成人の学習　日本の社会教育　第四八集』東洋館出版。

三輪建二、一九九五、『現代ドイツ成人教育方法論―成人の日常意識とアイデンティティ』東海大学出版会。

無藤隆・麻生武編、二〇〇八、『質的心理学講座一　育ちと学びの生成』東京大学出版会。

日本教育方法学会、二〇〇三、『新しい学びと知の創造』図書文化。

日本社会教育学会編、一九八八、『現代社会教育の創造　社会教育研究三〇年の成果と課題』東洋館出版。

日本社会教育学会編、二〇〇四、『成人の学習　日本の社会教育　第四八集』東洋館出版。

日本社会教育学会編、二〇〇七、『ＮＰＯと社会教育　日本の社会教育　第五一集』東洋館出版。

大川正彦、一九九九、『正義』岩波書店。

岡田啓司、一九九三＝二〇〇四、『かかわりの教育学―教育役割くずし試論』ミネルヴァ書房。

岡田啓司、二〇〇四、『「自律」の復権―教育的かかわりと自律を育む共同体』ミネルヴァ書房。

小川利夫、一九八七、「Ｉ社会教育の『法と行政』研究序説」小川利夫編『講座・現代社会教育Ⅳ　社会教育の法と行政』亜紀書房。

ペストフ、Ｖ／藤田暁男ほか訳、二〇〇〇、『福祉社会と市民民主主義―協同組合と社会的企業の役割』日本経済評論社。

ポランニ、Ｋ／吉沢英成訳、一九四四＝一九七五、『大転換：市場社会の形成と崩壊』東洋経済新報社。

齋藤純一、一九九九、『公共性』岩波書店。

佐藤一子、一九九八、『生涯学習と社会参加―おとなが学ぶことの意味』東京大学出版会。

佐藤一子編著、二〇〇四、『NPOの教育力―生涯学習と市民的公共性』東京大学出版会。

サトウタツヤ・南博文編、二〇〇八、『質的心理学講座三　社会と場所の経験』東京大学出版会。

渋江かさね、二〇〇四、「社会教育関係職員の力量形成としての意識変容の学習―P・クラントンによる検討から」日本社会教育学会編『成人の学習　日本の社会教育　第四八集』東洋館出版。

ショーン、D／佐藤学・秋田喜代美訳、二〇〇一、『専門家の知恵―反省的実践家は行為しながら考える』ゆみる出版。

ショーン、D／柳沢昌一・三輪建二監訳、二〇〇七、『省察的実践とは何か―プロフェッショナルの行為と思考』鳳書房。

セン、A／石塚雅彦訳、二〇〇〇、『自由と経済開発』日本経済新聞社。

鈴木敏正、一九九二、『自己教育の論理―主体形成の時代に』筑波書房。

鈴木敏正、二〇〇九、『新版　教育学を拓く―自己解放から教育自治へ』青木書店。

鈴木真理・津田英二編著、二〇〇三、『シリーズ生涯学習における社会教育　五　生涯学習の支援論』学文社。

鈴木與太郎・後藤玲子、一九九九、『アマルティア・セン―経済学と倫理学』実教出版。

高木光太郎、一九九九、「正統的周辺参加論におけるアイデンティティ構築概念の拡張」『東京学芸大学海外子女教育センター研究紀要』第十集。

高橋満、一九九八、「社会的市民権としての継続教育―社会秩序と介入戦略」東北社会学会『社会学年報』二七号。

高橋満、一九九九、「自由主義的改革・NPOと生涯学習」成人継続教育研究会『成人と教育』第二号。

高橋満、二〇〇一、「NPOをめぐる公共性論」佐藤一子編著『NPOと参画型社会の学び―二一世紀の社会教育』エイデル研究所。

高橋満、二〇〇三、『社会教育の現代的実践―学びをつくるコラボレーション』創風社。

サラモン、L／山内直人訳、一九九九、『NPO最前線―岐路に立つアメリカの市民社会』岩波書店。

田中雅一、二〇〇二、「主体からエージェントのコミュニティへ―日常的実践への視角」田辺繁治・松田素二編『日常的実践のエスノグラフィ―語り・コミュニティ・アイデンティティ』世界思想社。

田辺繁治・松田素二編、二〇〇二、『日常的実践のエスノグラフィ―語り・コミュニティ・アイデンティティ』世界思想社。

植田一博・岡田猛編著、二〇〇〇、『協同の知を探る―創造的コラボレーションの認知科学』共立出版。

上野直樹、一九八七、「メタファーと意味―主体―対象間の相互作用的観点から―」日本心理学会『心理学評論』第三〇巻、第三号。

上野直樹、一九九一、「行為としての知能・外側にある表象―状況的な認知としてのナヴィゲーション」『現代思想』青土社。

上野直樹、一九九二、「状況的認知と学校の言語ゲーム」日本教育学会『教育学研究』第五九巻、第一号。

上野直樹、一九九五、「ワークプレイスにおける拡張による学習」日本教育心理学会『日本教育心理学会年報』第三五号。

上野直樹、一九九九、『仕事の中での学習―状況論的アプローチ』東京大学出版会.

上野直樹・ソーヤーりえこ、二〇〇六、『文化と状況的学習―実践、言語、人工物へのアクセスのデザイン』凡人社。

渡辺洋子、二〇〇二、『生涯学習時代の成人教育学―学習支援者へのアドヴォカシー』明石書店。

ウェンガー、Eほか／櫻井祐子訳・野村恭彦監修、二〇〇二、『コミュニティ・オブ・プラクティス―ナレッジ社会の新たな知識形態の実践』翔泳社。

ワーチ、J／佐藤公治ほか訳、二〇〇二、『行為としての心』北大路書房。

ワーチ、J／田島信元ほか訳、二〇〇四、『心の声―媒介された行為への社会文化的アプローチ』福村出版。

やまだようこ編著、二〇〇〇、『人生を物語る―生成のライフストーリー』ミネルヴァ書房。

やまだようこ編著、二〇〇八、『質的心理学講座二　人生と病の語り』東京大学出版会。

横山宏編著、一九七九、『社会教育職員の養成と研修―日本の社会教育　第二三集』東洋館出版。

吉田正純、二〇〇六、「社会運動研究における『文化的転回』以後の学習論」『京都大学生涯教育学・図書館情報学研究』第五号。

Antikannen, Ari, Houtsonen, Jarmo, Kauppila, Juha, Huotelin, Hannu, 1999, *Living in a Learning Society*, Falmer Press.

Arendt, Hannah, 1958=1998, *The Human Condition*, The University of Chicago Press.

Arnstein, R. Sherry, 1969, A Ladder of Citizen Participation, *Journal of the American Institute of Planners*, Vol.35, No.4, 216-224.

Avoseh, M.B.M., 2001, Learning to be active citizens: lessons of traditional Africa for lifelong learning. By: Avoseh, M.B.M.. *International Journal of Lifelong Education*, Vol.20, Issue 6.

Beck, Urlich, 1986, *Risikogesellschaft auf dem Weg in eine andere Mederne*, Suhrkamp.

Becker , Howard S. 1963=1991, *Outsiders: Studies in the Sociology of Deviance,* The Free Press.

Brown, Tony, 1999, Challenging globalization as discourse and phenomenon, *International Journal of Lifelong Education*, Vol.18.

Ben Salt, Ronald M. Cervero, and Andrew Herod, 2000, Workers' Education and Neoliberal Globalization: An Adequate Response to Transnational Corporations?, *Adult Education Quarterly*, Vol.51, 9-31.

Blackmore, J., 1999, Localization/ Globalization and the midwife state: strategic dilemmas for state feminism in education?, *Journal of Education Policy*, Vol.14, No.1.

Bron, Agnieszka, Micheael Schemmann (eds)., 2001, *Civil Society, Citizenship and Learning*, Lit Verlag.

Brookfield, Stephen, 1993, Self-Directed Learning, Political Clarity and the Critical Practice of Adult Education' *Adult Education Quarterly*, Vol.43, No.4.

Brookfield, Stephen D., 2005, *The Power of Critical Theory: Liberating Adult Learning and Teaching*, San Francisco: Jossey-Bass.

Bruner, Jerome S., 1971, *Acts of Meaning,* Harvard Univ Pr.

Buttler, Elaine, 2000, Knowing 'now', learning futures. The politics and knowledge practices of vocational education and training, *International Journal of Lifelong Education*, Vol.19, Issue 4.

Caffarella, S. Roesemary, Sharan B. Merram, 2000, Linking the Individual Learner to the Context of Adult Learning, Wilson, L. Arthur/ Elisabeth R. Hayse (eds), *Handbook of Adult and Continuing Education,* 55-70.

Caffarella, S. Roesemary, Sharan B. Merram, 1999, Perspectives Adult Learning: Framing Our Research, *Proceedings of AERC.*

Cervero, Ronald.M., Arthur L. Wilson and Associates, 2001, *Power in Practice: Adult Education and the Struggle for Knowledge and Power in Society*, San Francisco: Jossey-Bass.

Cole, Michael, Yrjo Engeström, and Olga Vasquez (eds), 1997, Mind, Culture, and Activity, Cambridge University Press.

Dare, R., 1999, Specifying globalization effects on national policy: a focus on the mechanisms, *Journal of Educaiton Policy*, Vol.14, No.1.

Dewey, John, *Democracy and Education,* 1916=2004, Dover Publications,inc. Minesota, New York.

Engeström, Yrjo, 1987, learnig by Expanding: A activity-theoretical approach to developmental research, Helsinki: Oriental-Konsultit.

Engeström, Yrjo, Reijp Miettinen, and Raija- Leena Punamaki (eds), 1999, Perspectives on Activity Theory, Cambridge University Press.

Freire, P., 1970, *Pedagogy of the oppressed.* New York: Continuum.

Hayes, Elisabeth, Daniele D. Flannery (eds), 2000, *Women as Learners: The Significance of Gender in Adult Learning,* Jossey- Bass Publishers.

Gergen, Kenneth J., 1994, *Toward Transformation in Social Knowledge*, Sage.

Henry, Miriam, Bob Lingard, Fazal Rizvi and Sandra Taylor, 2001, *The OECD, Globalisation and Education Polocy,* Pergamon.

Henry, Miram, 2001, Globalisation and the Politics of Accpuntability: issues and dilemmas for gender equity in education, *Gender and Education,* Vol.13, No.1.

Jubas, Kaela, 2005, A Fine Balance in truth and fiction: exploring globalization's impacts on community and implications for adult learning in Rohinton Mistry's novel and related literature, *International Journal of Lifelong Education*, Vol.24, Issue 1.

Lave, Jean, Wenger, Etienne, 1991, *Situated Learning: Legitimate Peripheral Participation*, Cambridge University Press.

Laufer, A. Edith, and Joseph Glick, 1996, Expert and novice differences in cognition and activity: A practical work activity, in Engestroam, Yrjoa, Middleton, David (eds), *Coginition and Communication at Work*, Cambridge University Press.

Marginson, S., 1999, After Globalisation: emerging politics of education, *Journal of Education Policy,* Vol.14, No.1.

MacDonald, Garbara, Cervero, Ronald, Bradley, C. Courtenay, 1993, An Ecological Perspective of Power in Transformational Laerning: A Case Study of Ethical Vegans, *Adult Education Quarterly,* Vol.50, 5–23.

Mezirow, J., 1981, A critical theory of adult learning and education. *Adult Education Quarterly*, Vol.32, 3-27.

Mezirow, J. and Associates (eds), 1990, *Fortsering Critical Reflection in Adultfood: A Guide to Transformative and Emancipatory Learning.* San Francisco:

Jossey-Bass.

Mezirow, J., 1991, *Transformative dimensions of adult learning.* San Francisco: Jossey-Bass.

Mezirow, J. and Associates (eds), 2000, *Learning as Transformation: Critical Perspectives on a Theory in Progress.* San Francisco: Jossey-Bass.

Merrifield, Juliet, 1997, Finding our Lodestone again: democracy, the civil society and adult education, *27th Annual SCUTREA conference proceedings.*

Milles, Vince, 2002, Employability, Globalisation and Lifelong Learning: a Scottish Payne, John, Lifelong learning: a national trade union strategy in a global economy, *International Journal of Lifelong Education,* Vol.20, Issue 5.

Oduaran, Akpovire , 2000, Globalization and lifelong education: reflection on some challenges for Africa, *International Journal of Lifelong Education*, Vol.19, Issue 3.

Pestoff,A. Victor, 1998, *Beyond the Market and State: Social enterprises and civil democracy in a welafare, society,* Ashgate.

Walter, Pierre, 2001, The Restructuring of Academia, Adult Education Quarterly, Vol.52, 70-77.

Raggatt, Reter, Rchsrd Edwards and Nick Small, 1996, *The learning Society; challenges and trends*, Routledge.

Ranson, Sttewart, 2003, Public accountability in the age of neo-liberal governance, *Journal of Education Policy,* Vol.18, No.5.

Richard Edwards and Robin Usher, 2001, Lifelong Learning: A Postmodern Condition of Education? *Adult Education Quarterly,* Vol.51, 273-287.

Richard Edwards, Julia Clarke, Roger Harrison, and Fiona Reeve, 2002, Is There Madness in the Method? Representations of Research in Lifelong Learning, *Adult Education Quarterly,* Vol. 52, 128-139.

Robertson Jr., N. Donald.,2004, Self-Directed Learning: Past and Present, Online Submission.

Schön, Donald A., 1983, *The Reflective Practitioner*, BasicBook.

Schön, Donald A., and Mertin Rein, 1994, *Frame of Reflection: Toward the Resolution of Intractable Policy Controversies*, BasicBooks.

Tara J. Fenwick, 2004, Toward a Critical HRD in Theory and Practice, *Adult Education Quarterly*, Vol.54, 193-209.

Taylor, Edward W., 1997, Building upon the theoretical debate: A critical review of the empirical studies of Mezirow's Transformative Learning Theory, *Adult Education Quarterly*, Vol.48, 34-59.

Tobias, Robert, 2003, Continuing professional education and professionalization: travelling without a map or compass?, *International Journal of Lifelong Education*, Vol.22, Issue 5.

Wenger, Etienne, 1998, *Comminity of Practice: Learning, Meaning, and Identity*, Cambridge University Press.

S

T

W

Y

人名索引

ま行

や行

ら行

英字

た行

な行

は行

さ行

事項索引

あ行

か行

著者紹介

高橋　満（たかはし みつる）

1954年　茨城生まれ

専門領域：成人教育研究、生涯学習研究

新潟大学法文学部卒業

東北大学大学院教育学研究科博士課程単位取得退学

教育学博士（北海道大学）

東北大学教授

主な著書

『地主支配と農民運動の社会学』2003年、御茶の水書房

『社会教育の現代的実践—学びをつくるコラボレーション』2003年、創風社

『ドイツ福祉国家の変容と成人継続教育』2004年、創風社

高橋満・槇石多希子編著『ジェンダーと成人教育』2005年、創風社

NPOの公共性と生涯学習のガバナンス

2009年4月10日　　初　版第1刷発行　〔検印省略〕

定価はカバーに表示してあります。

著者©高橋満／発行者 下田勝司　　印刷・製本／中央精版印刷

東京都文京区向丘1-20-6　　郵便振替00110-6-37828　　発行所

〒113-0023　TEL (03) 3818-5521　FAX (03) 3818-5514　株式会社 東信堂

Published by TOSHINDO PUBLISHING CO., LTD.

1-20-6, Mukougaoka, Bunkyo-ku, Tokyo, 113-0023 Japan

E-mail : tk203444@fsinet.or.jp　http://www.toshindo-pub.com

ISBN978-4-88713-901-5 C3037

東信堂

書名	副題・説明	著者	価格
グローバルな学びへ	協同と刷新の教育	田中智志編著	二〇〇〇円
教育の共生体へ	ボディ・エデュケーショナルの思想圏	田中智志編	二五〇〇円
人格形成概念の誕生	近代アメリカの教育概念史	田中智志	三六〇〇円
ミッション・スクールと戦争	立教学院のディレンマ	前田一男編著	五八〇〇円
教育の平等と正義		大桃敏行・中村雅子・後藤武俊・宮本佐保子訳	三二〇〇円
学校改革抗争の100年	20世紀アメリカ教育史	末藤・宮本・佐藤訳 D・ラヴィッチ著	六四〇〇円
大学の責務	知の解放とポストモダンの教育	D・ケネディ著 井ノ比呂子訳	三八〇〇円
文化変容のなかの子ども	経験・他者・関係性	立川明・坂本辰朗	三八〇〇円
洞察=想像力		尾上雅信	三八〇〇円
フェルディナン・ビュイッソンの教育思想	第三共和政初期教育改革史研究の一環として	市村尚久・早川操監訳 D・スローン著	三八〇〇円
教育的思考のトレーニング		高橋勝	二三〇〇円
進路形成に対する「在り方生き方指導」の功罪	高校進路指導の社会学	相馬伸一	二六〇〇円
「学校協議会」の教育効果		望月由起	三六〇〇円
学校発カリキュラム	「開かれた学校づくり」のエスノグラフィー	平田淳	五六〇〇円
日本版「エッセンシャル・クエスション」の構築		小田勝己編	二五〇〇円
再生産論を読む	バーンスティン、ブルデュー、ボールズ=ギンティス、ウィリスの再生産論	橋本健二	三二〇〇円
教育と不平等の社会理論	再生産論をこえて	小内透	三二〇〇円
階級・ジェンダー・再生産	現代資本主義社会の存続メカニズム	小内透	三八〇〇円
オフィシャル・ノレッジ批判	保守復権の時代における民主主義教育	野崎・井口・小暮・池田監訳 M.W.アップル著	三八〇〇円
新版 昭和教育史	天皇制と教育の史的展開	久保義三	一八〇〇〇円
地上の迷宮と心の楽園	〔コメニウス・セレクション〕	J・コメニウス 藤田輝夫訳	三六〇〇円

〒113-0023 東京都文京区向丘1・20・6　TEL 03-3818-5521　FAX03-3818-5514　振替 00110-6-37828
Email tk203444@fsinet.or.jp　URL:http://www.toshindo-pub.com/

※定価：表示価格（本体）＋税